Caymmi: Uma Utopia de Lugar

Coleção Debates
Dirigida por J. Guinsburg

Equipe de Realização – Revisão de provas: Shizuka Kuchiki; Produção: Ricardo W. Neves e Sergio Kon.

ABRE-CAMINHO

Não sei bem como definir este livro. Mas depois de passá-lo em revista, numa leitura em diagonal, acho melhor deixar aqui, como aviso, as palavras que Manuel da Nóbrega colocou na boca de uma das personagens do seu *Diálogo Sobre a Conversão do Gentio*: "não sei como falo, falo como me vem à boca, se for mal dito perdoai, que não é ninguém obrigado a mais que ao que tem e sabe". Em todo caso, revendo o texto "Uma Utopia de Lugar", que dá título ao livro, penso que falei demais em "pré-industrial" a propósito de Caymmi. É verdade que ele se planta num microcosmo pré-industrial. Mas é também verdade que podemos inverter a perspectiva e focalizar a novidade do compositor baiano, surpreendendo a dialética entre o novo e o velho, o arcaico e o contemporâneo, que dinamiza a sua peripécia.

Posso caracterizar a vida marítima de Itapuã nos termos de uma vida social arcaica, mas não posso olvidar o fato de que Itapuã é contemporânea. De que Caymmi estetiza realidades que vivenciou de forma integral e imediata. Acho que o próprio Caymmi contribuiu, com declarações inexatas, para alguma confusão. Em seu *Cancioneiro da Bahia*, por exemplo, apresenta a composição *A Preta do Acarajé* na seção dedicada a "canções sobre motivos do folclore". Não se trata disso. *A Preta do Acarajé* não é "pesquisa folclórica". Caymmi fez a composição porque a preta pontual passava toda noite pela rua, tabuleiro à cabeça, entoando o pregão nagô. Era um fato cotidiano na vida de sua cidade. Do mesmo modo, a poesia praieira pode sugerir uma construção nostálgica, mas é documental. Há uma ambivalência aí, mas é diferente do sonho romântico civilizado. Caymmi é nativo e contemporâneo. A verdade é que são os "mares da civilização", cruzados por trapaceiros de longo curso, que inspiram visões francamente nostálgicas. Em Poe e Melville, o mar aparece como via de escape da vida neurótica moderna. Entre *Moby Dick* e *Gordon Pym* se desenha toda uma constelação de fantasias civilizadas, incluindo os clichês das delícias paradisíacas e dos terrores bárbaros dos mares do sul. Surge aí, sintomaticamente, uma personagem típica, que vai do Dirk Peters de Poe aos canibais de Melville (não se incomodem com as citações: Caymmi lê tudo o que se publica sobre o mar). Peters é filho de uma índia *upsaroka* – e Poe o figura com o prazer mórbido da descrição perversa, alma doentia demais para tolerar um *bon sauvage*. Já os nobres canibais de Melville se

antonio risério
CAYMMI: UMA UTOPIA DE LUGAR

PERSPECTIVA

Dados Internacionais de Catalogação na Publicação (CIP)
(Câmara Brasileira do Livro, SP, Brasil)

Risério, Antonio
  Caymmi: uma utopia de lugar / Antonio Risério.
-- São Paulo : Perspectiva, 2011. -- (Debates ; 253 /
dirigida por J. Guinsburg)

1ª reimpr. da 1. ed. de 1993.
ISBN 978-85-273-0056-8

1. Bahia - Usos e costumes 2. Caymmi, Dorival,
1914-2008 - Crítica e interpretação 3. Caymmi, Dorival,
1914- 2008 - Residências e lugares familiares 4. Música
popular - Brasil I. Título. II. Série.

93-0351   CDD-927.80981

Índices para catálogo sistemático:
1. Brasil : Músicos : Vida e obra   927.80981

1ª edição – 1ª reimpressão
[PPD]

Direitos reservados à
EDITORA PERSPECTIVA LTDA.

Av. Brigadeiro Luís Antônio, 3025
01401-000 – São Paulo – SP – Brasil
Telefax: (0--11) 3885-8388
www.editoraperspectiva.com.br

2019

Para Dona Dina – Mãe
que me ensinou
a sonhar canções

O que me agradava era recordar aquela cantiga, estúrdia, que reinou para mim no meio da madrugada, ah, sim. Simples digo ao senhor: aquilo molhou minha idéia.

GUIMARÃES ROSA

SUMÁRIO

ABRE-CAMINHO 11

SOCIOGRAFIAS POEMUSICAIS 21

UMA UTOPIA DE LUGAR 59

ESCRITA SOBRE O MAR – Em Parceria com
   Tuzé de Abreu 127

APÊNDICE: UMA TEORIA DA CULTURA
   BAIANA 155

plantam no terreno rousseauniano clássico (Rousseau é citado em outro livro de Melville, *Typee*). Isso não tem nada a ver com João Valentão, personagem de Caymmi inspirada num seu conterrâneo, o pescador Chico Carapeba, que ainda hoje tem netos no mar. Caymmi idealiza a Bahia, mas não estetiza mundos insólitos. Não é um "turista erudito", para usar a fórmula de Melville que encantou Oswald de Andrade. Antes que da evasão romântica no tempo histórico ou no espaço geográfico, a obra caymmiana fala de realidades familiares.

É esta disposição que distingue Caymmi, estética e ideologicamente, do pensamento musical nacionalista de Mário de Andrade e Villa-Lobos. Mário separa o "popular" (caracterizado pela antiguidade, o anonimato, a persistência difusa na memória coletiva) do "popularesco" (o que aprendemos a chamar "música popular brasileira"). Distingue ainda entre o "popular" e o "artístico" – "música artística não é fenômeno popular porém desenvolvimento deste". E o que ele quer é uma "música artística" (vale dizer, "erudita") que incorpore o "popular". Uma transposição erudita do "populário musical brasileiro". José Miguel Wisnik, em seu ensaio sobre Villa-Lobos e o Estado Novo, chamou a atenção para a postura crítica de Luís Heitor, exercitada "em plena euforia musicológica estado-novista". Heitor, fazendo o elogio do "popular", combate "a música vulgar, a canção das ruas". Também ele faz uma separação entre o folclórico e o popularesco. Considera *perigoso* tratar como "música popular" tanto "o fundo musical anônimo de que a música artística se utiliza para tonificar-se" quanto "a música sem classificação, baixa e comercial". Do seu ponto de vista, só interessa o fundo musical anônimo – no que este possa servir aos propósitos mais elevados da Arte. "Sintomática e sistematicamente o discurso nacionalista do modernismo musical bateu nessa tecla: re/negar a cultura popular *emergente*", observa Wisnik. Trata-se de um discurso museológico, elitista, estilizante.

O popular pode ser admitido na esfera da arte quando, olhado à distância pela lente da estetização, passa a caber dentro do estojo museológico das suítes nacionalistas, mas não quando, rebelde à classificação imediata pelo seu próprio movimento ascendente e pela sua vizinhança invasiva, ameaça entrar por todas as brechas da vida cultural, pondo em xeque a própria concepção de arte do intelectual erudito,

finaliza Wisnik.

Impossível escalar Caymmi nesse time de luminares superciliosos, inventores do "povo". Caymmi não tem nada a ver com isso. Não cumpre o roteiro apregoado pelo nacionalismo musical: o deslocamento espacial ou temporal do compositor "artístico" em direção ao manancial "folclórico", e o seu posterior retorno ao centro culto, já devidamente armazenado de fatias do "populário sonoro", a serem retrabalhadas, engastadas ou disseminadas em peças eruditas. Não. Caymmi é (da ótica nacional-modernista) um "popularesco" que produz, sem qualquer intenção cívico-didática, para o mercado cultural.

Há outro aspecto que merece realce. Caymmi nunca se recusou a sondagens musicais. Coexistem em sua obra a tradição e a invenção. O samba da Bahia e o impressionismo europeu. "Fico de Debussy, Ravel, até chegar a Leonard Bernstein", disse. E incursionou à vontade por um gênero musical novo em sua época, um hibridismo urbano, o samba-canção carioca. A bem da verdade, abordara já, de uma outra perspectiva técnica, a aproximação dos gêneros, como em *O Mar*, onde o adágio da abertura é seguido por um samba. E roçou outras misturas, como em *Dora*, além de compor valsa, toada e modinha. Estas coisas costumam passar despercebidas porque, com Caymmi, a inovação nunca teve um caráter traumático (como ocorreu com João Gilberto e, explosivamente, com a Tropicália). Caymmi traz para o samba da Bahia a dissonância e outras conquistas do impressionismo europeu. Mas o que se impõe, sobretudo, é o seu poder de sedução. Os músicos, contudo, notavam. Tom Jobim: "Notas de sexta e sétima maior nos acordes menores, imprevisíveis modulações de meio-tom, coisas que ninguém usava na época". O próprio Caymmi completa: "Eu, por conta própria, sempre tive tendência para alterar os acordes perfeitos. Tirava o dedo de uma corda e punha em outra, procurando a harmonia diferente. Prefiro sempre as sétimas, nonas, inversão de acordes. Desde pequeno acho que o som deve ter outra beleza além do acorde perfeito. Papai dizia que o meu arpejo, a maneira de puxar as cordas do violão de uma raspada só, não era correta".

O arcaico e o moderno coexistem também na poesia de Caymmi. Por uma coincidência histórica, mesmo a sua face arcaica soou como o novo mais novo. Sabemos que as vanguardas européias das primeiras décadas do século XX recorreram ao "primitivo" para produzir uma nova arte, diversa das concepções estéticas tradicionais. E este processo repercutiu no Brasil, com o Modernismo de 22. Para essas vanguardas, "o antiqüíssimo não é um passado: é um começo", como escreveu Octavio Paz. Tratava-se, entre nós, de contestar a velha (não a nova) literatura francesa e o "português-de-Portugal", ao tempo em que se promovia a valorização estética e intelectual do "primitivo" e do "exótico" brasileiros. Note-se ainda que Oswald e Mário foram leitores de Nina Rodrigues e Arthur Ramos, ambos estudiosos da cultura preta no Brasil, especialmente na Bahia. Os "antropófagos" de 1928 chegaram a pensar, segundo Raul Bopp, em estudar as "características do andar do negro", o que teria sido um trabalho pioneiro de semiótica gestual. Graças a esse contexto cultural, Caymmi, trabalhando na tradição da poesia do samba-de-roda do Recôncavo da Bahia, era automaticamente "moderno". O povo estava naturalmente preparado para aplaudi-lo, mas os intelectuais também. Uma conjuntura propícia. Na verdade, muitas das primeiras formulações programáticas do modernismo vinham a calhar. Quando Oswald de Andrade falava de uma língua "natural e neológica"; quando chamava a atenção para a nossa "formação étnica rica"; quando acenava com o "contrapeso da originalidade nativa para neutralizar a adesão acadêmica"; quando olhava para "o vatapá, o ouro, a dança" – o líder "antropófago" iluminava roteiros de um ideário estético que jamais seria contrariado por Caymmi. De resto, a linguagem das criações artísticas populares sempre foi bem-vista pelos mais variados vanguardistas. Mas há diferenças, é claro. Ao contrário dos vanguardistas, Caymmi nunca se inscreveu num espaço de ruptura. Nem foi um poeta projetual, como Oswald, ou mesmo, em certo sentido, Noel Rosa, que se orientou no sentido de conferir dignidade social e "universitária" ao samba.

Uma outra distinção é ainda mais importante. Caymmi *viveu* entre pescadores, vendedoras de acarajé, candomblezeiros, etc. Ele fala desde o seu ambiente natural, seguindo uma tradição. Diversamente, os modernistas, embora não precisassem ir à África ou buscar inspiração em civilizações desaparecidas, tiveram que adotar uma postura etnográfica diante da cultura brasileira. Como disse Bopp, descobriram de repente um Brasil que para eles mais parecia "um país de utopia", em todo o seu frescor "primitivo". Oswald foi ler sobre negros e índios. Adquiriu um conhecimento literário do assunto – o que em nada o diminui, é claro. E Mário foi típico representante desse etnografismo modernista. O modo como ele se aproximou de uma sessão de pajelança, em Belém do Pará, é mais do que revelador: "Antes de começar a função, chamei o pajé e disse-lhe que estivesse à vontade, não se acanhasse com a minha presença e trabalhasse desembaraçadamente [...]" Chega a ser engraçado. E Mário, tendo sempre em mente a sua "elevadíssima religião católica", se sente algo ridículo, embora também fascinado, em meio à barbárie popular, como da vez em que fechou o corpo numa sessão de catimbó. Bem, Caymmi se dirige com naturalidade a Iemanjá. É uma coisa que lhe é familiar. Pertence ao seu mundo.

Mas há ainda um lado propriamente "moderno" em Caymmi, além do que nele pôde soar como novo. Os principais renovadores da poesia brasileira pós-modernista, a exemplo de Décio Pignatari, insistiram nos processos de nominalização e verbificação. Caymmi tende nesta direção. Francisco Achcar chamou a minha atenção para a primeira parte de *Saudade de Itapuã*, toda ela construída à base de sintagmas nominais. E Caymmi vai além. Em *Sargaço Mar*, a construção verbal é ousada. Um texto paronomásico que remete a procedimentos característicos do experimentalismo poético: "sargaço mar – sargaço ar". Outra criação arrojada é *Temporal*. Em vez de descrever o tumulto angustiado das pessoas preocupadas com o destino dos pescadores que estão no mar, Caymmi "presentifica" a situação por meio de uma colagem verbal. Da montagem de várias falas que não estão referidas explicitamente a esta ou aquela personagem. São frases feitas, clichês exclamativos, "sintagmas cristalizados" da preocupação e da ansiedade coletivas diante da perspectiva do naufrágio. Caymmi os colheu na beira do mar:

– Pedro!
– Chico!
– Lino!
– Zeca!
– Cadê vocês?
– Oh Mãe de Deus...

– Eu bem que disse a José:
Não vá, José. Não vá, José.

– Meu Deus!

Por fim, ouvir Caymmi. Deixando de lado Carmen Miranda, Dick Farney, etc., o ouvinte tem à sua disposição, no mercado, diversas gravações recentes. Caymmi tem encontrado intérpretes que deixariam qualquer compositor em estado de graça. Em primeiro lugar, João Gilberto. Augusto de Campos deu a definição inesquecível: "Ele trata as vogais como Pelé trata a bola. Canta e toca sem preocupação de variar, como alguém que estivesse atirando no centro do alvo e acertasse sempre na mosca. Ninguém articula e divide como ele". Outro intérprete irrepreensível é Caetano Veloso. *Milagre*, no elepê *Brasil*, por exemplo.

> Sua emissão de voz, seu fraseado estão (por mais contraditório que isso possa parecer, pois há evidentes diferenças entre os estilos) mais próximos de João Gilberto do que em qualquer outra faixa do disco. De novo o procedimento de cantar as vogais bem abertas como em *Pescador*. De novo o canto quase à maneira que chamei de ectoplasma sonoro. Parece-me que se o fraseado do sax-alto Paul Desmond pudesse apresentar aquela ginga brasileira, nada se aproximaria mais de como soa então a voz de Caetano em tais momentos. De novo o jeito sensual/*sexy* de ataque/entonação,

comenta Brasil Rocha Brito. Brasil percebeu muito bem como, no canto de Caetano, transparece o prazer de cantar: Caetano "sorricanta".

Mas nem sempre Caymmi deu sorte com seus novos intérpretes. Gal Costa e Elis Regina, duas grandes cantoras brasileiras (especialmente Gal que fez pacto secreto com algum rouxinol-uirapuru), pisaram na bola cantando Caymmi. Na minha opinião, o que há de melhor no elepê *Gal Canta Caymmi* é a presença de João Donato. Mas Gal, além de não estar de bem com a sua voz, partiu para um "embelezamento" despropositado das canções, em interpretações que beiram o antipático, de tão postiças. Desagradável também é a gravação bombástica que Elis fez de *João Valentão*. Ao espalhafato da cantora soma-se o estardalhaço da orquestra, levando-me a perguntar como o pobre João conseguiria dormir com um barulho desses... Diante dessas gravações de Elis e Gal, é um bálsamo ouvir Nana Caymmi cantando *Acalanto*. Gilberto Gil, por sua vez, vai de um extremo a outro, visitando Elis em insuportável gravação de *Marina*, para depois visitar João e Caetano em *Milagre*. Ainda Brasil Rocha Brito: "Gil sempre dividindo e suingando com maestria, fazendo ondulações nas alturas das notas, articulando de modo bem afro o fraseado".

O saldo dessas gravações é muito mais do simplesmente positivo. Mas, aviso, Caymmi é insubstituível. Certa vez, comentando com Rogério Duarte os diversos intérpretes e interpretações caymmianas, ouvi a frase imbatível: o grande lance é Caymmi *par lui-même*.

SOCIOGRAFIAS POEMUSICAIS

"Desocupado leitor..." É assim, com estas palavras que convidam a férias, que o velho Cervantes ("donde hay música, no puede haber cosa mala") dá início à sua "prefação" aos formidáveis e inesquecíveis jogos de linguagem do *Quixote*. E me lembro aqui desses termos por um motivo bem simples. Vamos caminhar sem muita pressa. Se acaso alguma ansiedade move o eventual leitor, no impulso de saber o que se dirá de Dorival Caymmi nos parágrafos que seguem, paciência. Não vou esporear a mula. Este texto é antes um *travelling* relativamente livre, câmera aberta, panorâmica, aqui e ali o uso do *zoom*, de um *close*, pelos largos e irregulares campos da música popular brasileira. Caymmi será apenas um ponto de referência. O principal. Referência constante, onipresente, para que consigamos vislumbrá-lo com a clareza possível, destacando a sua singularidade tanto quanto o seu enraizamento numa tradição.

Caymmi será aqui enquadrado, portanto, numa visão de conjunto, ainda que não totalizante. Mas tudo de uma perspectiva razoavelmente bem definida. O poeta-crítico T. S. Eliot diz que mal começamos a discutir a "função social" da arte e já nos tornamos normativos. Dizemos o que a arte deveria fazer, em vez de reparar no que ela faz. Em vista da advertência, vamos ver algumas coisas que de fato foram feitas por muitos compositores brasileiros de uma música que o povo vitoriou. E se esta música fez o que fez, redimensionando a nossa configuração cultural e nos expondo a nós mesmos, em toda a nossa variedade antropológica, foi porque poucos hesitaram em enfrentar os meios de comunicação de massa. Foi por essa via que circularam os senhores mestiços de uma música que vinha evoluindo em meio aos ambientes infra-humanos da senzala e da favela. Fato tão mais notável quando nos lembramos de que não há, que eu saiba, um só vodum, orixá ou inquice que seja deus da música.

Nossos compositores populares souberam ler sem inibições de elite a confusa e rica vida sociocultural brasileira. Diz-se de músicos que não sabem ler partituras, que tocam "de ouvido". Cabe aqui a transposição: a poemúsica popular brasileira exibe um extraordinário elenco de "etnógrafos de ouvido". Caymmi é exemplo supremo disso. Mas essas coisas todas não se deram por acaso, de imprevisto ou no vazio. Brotaram, isto sim, na encruzilhada de processos histórico-sociais que não estamos impedidos de rastrear.

Nossa música popular esteve empenhada num processo que alterou substancialmente certas relações em vigor no conjunto da cultura brasileira. Um poema sobre Iemanjá, na década de 20 ou na de 30, seria tido na conta do exotismo. Coisa "regionalista", folclore praieiro da Bahia, maneirismo "modernista", etc. Mas quem diria isso hoje, sabendo que um grande número de brasileiros celebra a orixá-mãe em quase todas as praias do país e mesmo em regiões interioranas? Ninguém. E o que aconteceu então? Aconteceu um processo nacional de desrecalque e afirmação de práticas culturais extra-européias. Entre tais práticas, uma coisa como o candomblé se impôs e foi mesmo entronizada no sofisticado cantão da "cultura superior". Xangô e seus pares passaram a freqüentar mundos culturais até então inéditos para os orixás. A Universidade de São Paulo, por exemplo.

Houve uma série de deslocamentos na tipologia cultural brasileira. Uma reordenação ou uma espécie de descentramento na hierarquização de nossas práticas de cultura. Ao contrário do que acontecia nos tempos de Sílvio Romero, negros e mestiços já não se encontram nos quintais, mas nos vídeos. E que ninguém menospreze o desempenho dos artistas nesta seqüência transformadora. Formas e práticas culturais populares se tornaram ostensivamente visíveis e inteligíveis. Sim: a legibilidade das formações culturais não é algo dado ou que deva ser aceito como fato consumado. A vida dos signos é dinâmica. É preciso organizar socialmente a sua leitura. E a música popular foi parte integrante do processo de projeção social e de organização da inteligibilidade de formas culturais de raiz negro-africana no Brasil. Este é um dos seus maiores méritos sociais. Imagino como deve ter soado em 1939, para determinados públicos, uma composição como *Promessa de Pescador*, de Dorival Caymmi. Havia algo de muito estranho ali. Ao longo dos anos, todavia, com a crescente visibilidade dos seus referenciais, a composição se tornou familiar.

Mas uma andorinha só não faz sequer inverno. Essa onda da música popular veio em meio a uma preamar que trouxe, entre outras coisas, a recuperação da obra de Nina Rodrigues, a arte-finalização em desenho barroco da escola brasileira de futebol, a formação do umbandismo, os ensaios de Gilberto Freyre, as pesquisas de Câmara Cascudo e Édison Carneiro, o fortalecimento do candomblé da Bahia, os desenhos comentados de Cecília Meireles (esboços no caminho etnográfico de uma semiótica gestual do samba e do transe, como em Carybé), os romances de Jorge Amado, o surgimento das "frentes negras", etc. Foram anos corajosos e decisivos, do ponto de vista das relações sociorraciais no Brasil. E a nossa música esteve engajada nos acontecimentos. Dos sambistas "históricos" da casa de Tia Ciata a Ary Barroso e Assis Valente, a música popular foi mais do que importante no curso dessas modificações. E ela pôde ser importante, com seus terreiros e pandeiros, porque coincidiram, na vida brasileira, três movimentos: a abolição da escravidão, o esfervilhar das cidades e a chegada da tecnologia de reprodução da voz.

A Abolição de 1888 foi uma revolução social de conseqüências então imprevisíveis. É politicamente interessante que hoje uma pequena parcela militante de negromestiços queira recusar qualquer reverência à princesa Isabel. Mas não vamos negar ingenuamente as repercussões do decreto abolicionista: 1888 não foi apenas um autógrafo gratuito da princesa. Líderes negromestiços choraram na época. Foi uma vitória que teve muito de espetacular. E a verdade é que há um abismo entre ser escravo e não ser escravo. Depois de 1888, pretos e mulatos passaram a circular com outro corpo pelas ruas das cidades brasileiras.

Cidades que se modificavam, como já foi dito. A segunda metade do século XIX é um período digno de nota na história da cidade no Brasil. Aumentou o grau de urbanização do país, graças principalmente à expansão da cultura cafeeira e ao declínio do sistema escravista. O desenvolvimento da cafeicultura provocou o crescimento e mesmo o nascimento de cidades. Aglomerados urbanos germinavam "modernos" ou, sacudindo a poeira dos anos, se "modernizavam", com praças, teatros, hotéis, iluminação a gás, transportes coletivos, serviços telefônicos, etc. Em três décadas (1870-1900), triplicou a população do Rio de Janeiro, enquanto a de São Paulo aumentou sete ou oito vezes, impondo novas formas de convívio. O café aprimorou ainda o sistema brasileiro de transportes. Tornou-se rotineira, naquela época, a navegação a vapor. Enramou-se a nossa urdidura ferroviária. O que significa que distâncias encurtaram, contatos se fizeram mais dinamicamente, isolamentos foram rompidos. Emília Viotti dá um exemplo que bem ilustra a nova realidade urbana brasileira: foi nessa época que os comícios em praça pública fizeram a sua aparição na história política do país.

E vamos negritar a função do Rio de Janeiro nessa multiplicidade de movimentos. Não o Rio da *Marmota* de Paula Brito e da *Revista Popular* de Garnier, mas o Rio de *Kosmos* e de *Careta*, as publicações de Jorge Schmidt. A cidade da nova mentalidade jornalística: "maquinaria e técnicas modernas, rede distribuidora, consciência empresarial", no resumo de Antônio Dimas. Um Rio de Janeiro que se empenha no embelezamento e no reformismo urbanos, trocando a velha Rua do Ouvidor pela novíssima Avenida Central, atual Rio Branco. É a "forte e nova" Cidade de São Sebastião do Rio de Janeiro, adquirindo uma outra lhaneza no trato, crescendo como foco da agitação cultural, adotando novas posturas, acolhendo migrantes pretos e estrangeiros, sonhando destronar Buenos Aires. Pois será justamente daí, desse Rio de Janeiro empolgado pela "modernidade", que se projetará a fala dos oprimidos. Lembrem-se de que, pouco antes da Abolição de 1888, fluminenses requintados fundavam associações para o cultivo e a difusão da "boa música", coisas como o Clube Beethoven, ao qual se filiou o mulato Machado de Assis. Mas nesse mesmo Rio onde reinaram as cantoras líricas que encantavam Pedro II e José de Alencar, vingou a musa mestiça das classes populares, contraparte vigorosa da cidade trescalante dos salões empertigados. Os anjos melodiosos e as harpas celestes tiveram que abrir alas à síncope e ao requebrado.

Ocorreram aí o desenvolvimento estético e a projeção social da linguagem da roda de samba de Rita Baiana, a mulata assanhada do romance de Aluísio Azevedo. Reinava então, depois de tantas travas, a mestiça envolvente, desinquieta, saracoteando pela noite o seu "atrevido e rijo quadril baiano". E foi desses pagodes povoados de malandros e de mulatas, dessas "chinfrinadas ao relento" (Azevedo), que a nossa música popular levantou vôo. Pois "à viva crepitação da música baiana calaram-se as melancólicas toadas de além-mar", na constatação do maranhense Azevedo. E foi assim que um popular recalcado pôde sobreviver na floresta de sons do país. Muniz Sodré viu com justeza. Para ele, o samba foi um modo "de resistência ao imperativo social escravagista de redução do corpo a uma máquina produtiva". São diversos os usos sociais da música – e os poderes extramusicais dos seus desenhos e compassos. Nossa mestiçagem musical popular euroafricana soube encontrar os seus caminhos. Com a Abolição de 1888, a música passou a desempenhar mais desembaraçadamente outras funções. Retransou-se para que as camadas mais pobres do povo reforçassem e desenvolvessem os seus padrões de cultura e de sociabilidade. Mas para que essa música popular se impusesse culturalmente foi preciso que houvesse uma articulação entre a canção, o fonógrafo e o rádio. Que existisse o criador musical; que fosse possível registrar a sua voz (ou a do seu intérprete); que ondas eletromagnéticas projetassem essa voz. "Na época em que eu comecei a fazer música no Rio Grande do Sul, começava a rádio no Brasil", relembra Lupicínio Rodrigues. "Rádio: o tambor tribal" – na síntese expressiva de McLuhan. Ou como diriam Lamartine Babo, João de Barro e Alberto Ribeiro: "Nós somos os cantores do rádio / nossas canções cruzando o espaço azul / vão reunindo num grande abraço / corações de norte a sul".

A técnica de reprodução da voz data de fins do século XIX e não demorou a chegar aqui. "No Brasil, o aparecimento das então chamadas máquinas falantes, primeiro usando cilindros, e mais tarde discos de 78 rotações, verificou-se em um momento precioso: praticamente contemporâneo da abolição do regime escravo", notou José Ramos Tinhorão. O problema é que Tinhorão, espírito arquivológico, só percebeu a importância da coincidência em termos museológicos: o fonógrafo enquanto instrumento para o registro de gêneros musicais em vias de extinção. Mas vejamos de um outro ângulo. As primeiras pessoas que tiveram a voz gravada, no Brasil, pertenciam à nobreza. Um ano depois da Abolição, o fonógrafo fez sucesso em Laranjeiras, alegrando Pedro II e outros. Ary Vasconcelos informa que, entre os primeiros a ter a voz reproduzida entre nós, estavam o imperador, a princesa Isabel, o visconde de Cavalcante, o conde d'Eu, o barão de Marajó, o marechal Âncora e outros. Tinhorão lembra que, naquela noite, o príncipe Pedro Augusto, neto do imperador, "solfejou". Foi o primeiro brasileiro a gravar cantando. Mas quem poderia imaginar ali, na noite imperial das Laranjeiras, que, tempos depois, seriam gravados e aplaudidos nacionalmente os batuques dos pretos, tradicionalmente caçados pela repressão policial?

Para que isso acontecesse, foi preciso não apenas que houvesse produção de discos (coisa que, no Brasil, se iniciou aí por volta de 1904), mas também que o rádio tivesse se tornado comercial. Que as vibrações elétricas escapassem das asas do Estado e, entregues à iniciativa privada, deixassem de lado os concertos de música erudita. A década de 30 foi decisiva. Surgiu ali o rádio comercial. Foram os tempos eufóricos da "radiomania", da Rádio Nacional (PRE-8, fundada em 1936), de César Ladeira ("um rapaz culto, de cabelo *à la* Valentino, bigodinho *à la* Edmund Lowe, voz bonita" na descrição de Aloysio Oliveira, o bamba do Bando da Lua). E como não dava para ganhar o grande público com uma receita programática de música erudita e propósitos pedagógicos, nossa música popular enxameou nas emissoras. O rádio se profissionalizou e houve uma enorme expansão na venda de aparelhos receptores. Essas conjunções entre música popular e disco, entre canção e rádio, produziram alterações profundas na sociedade brasileira. Mudaram o nosso jeito de ser e de estar. Claro: para lembrar o óbvio, rádio é *mass medium*. Transmitindo formas e conteúdos a grandes distâncias, pôs à disposição de inumeráveis ouvintes o repertório musical brasileiro. Além de ter estimulado, por sua própria natureza e dentro dos seus limites, o surgimento de intérpretes orientados já para o novo *medium*. Cultivando os seus canteiros, distribuindo as suas especiarias, nossos músicos participaram do processo psicossocial de transformação das estruturas da sensibilidade brasileira. E isso enquanto militantes, com a sedução da sua estética de base ibero-africana (mas também aberta a outros influxos), do grande canal de informação e entretenimento daqueles velhos tempos pré-televisuais.

No caso particular de Dorival Caymmi, temos um paradoxo. Com todos os seus conteúdos tradicionários, Caymmi surgiu nessa fornada do rádio e do disco, um artista industrial entronizado no elenco das estrelas da moderna arte de massas. Ele sempre produziu para grandes números. Sua poesia praieira, essencialmente pré-industrial, aconteceu nacionalmente graças às ondas eletromagnéticas e às linhas de montagem da indústria do disco. Temos aí a semântica tradicional na pragmática urbano-industrial.

Caymmi já entrou em cena na segunda fase do rádio brasileiro. E isso desde a Bahia, segundo relato de Dermival Costalima:

> Na segunda metade da década de 30, houve assim uma espécie de rodamoinho que agitou o manso lago azul do rádio baiano daqueles tempos ainda amadorísticos. A Rádio Sociedade do chalezinho do Passeio Público insistia nos seus programinhas ditos lítero-musicais, aos últimos arquejos do período grêmio de letras-e-artes, diretoria de croasê, sócios de carteirinha, colaboradores de salão, recrutados entre professores e artistas elitistas, visando ao aparente gosto da burguesia dominante. Foi aí que surgiram no mercado as primeiras concorrentes. Duas pequenas emissoras de cobertura municipal, mal chegando à periferia com definição apenas razoável, veiculavam recados populares, até popularescos, sem os avoengos punhos-de-renda. Ouriço puro, com uma turminha de briga, imbuída de mumunhas cariocas, embora sem fugir às raízes do dendê.

Foi nessa jogada que Caymmi embarcou. Em 1936 – por sinal, mesmo ano em que Lupicínio Rodrigues ganhou um concurso da rádio gaúcha, com a marcha *Quando Eu For Bem Velhinho* –, Caymmi ganhou um concurso carnavalesco do rádio, promovido pelo próprio Dermival Costalima, com *A Bahia Também Dá*, recebendo como prêmio um abajur de cetim. Curiosamente, *A Bahia Também Dá* traz uma solução (a segmentação do sintagma "Bahia") que reaparecerá décadas depois, em nova roupagem e prosódia, em *Atrás do Trio Elétrico*, primeiro sucesso carnavalesco de Caetano Veloso. Vejam:

> Tá chegando o carnaval
> a macacada tem
> tem que se alistar:

Jacaré e Liberdade
Curva Grande e Pau Miúdo
tá na hora de infezar

A Ba... a Bahia também dá

No Rio de Janeiro, Caymmi ingressou na Rádio Tupi. Foi aí, num programa junino, que lançou *O Que É Que a Baiana Tem*. E vejam como o acaso é propício aos poetas. Como são imprevisíveis os caminhos de uma informação transmitida pelos meios de comunicação de massa. Wallace Downey estava filmando *Alô, Alô, Carnaval*. Para completar o trabalho, faltava filmar Carmen Miranda cantando, em dueto com Almirante, a *Boneca de Piche*, de Ary Barroso. Ary cobrou alto pela música e Downey não aceitou o preço. "O cenário, com motivos baianos, estava pronto e o impasse perdurava. Foi quando alguém disse haver um baiano na Rádio Tupi que tinha um samba esplêndido para o cenário", conta Ary Vasconcelos. Deixo o resto do relato por conta de Aloysio Oliveira, que então tocava no Bando da Lua e foi um dos protagonistas dos eventos.

Num dos pequenos estúdios da rádio, Dorival Caymmi, de terno branco e gravata-borboleta, cantou para nós várias de suas composições. Entre elas, *O Que É Que a Baiana Tem*. Levamos imediatamente o Caymmi para a casa de Carmen, na Avenida São Sebastião, na Urca. Carmen se encantou com a música, confeccionou um traje de baiana (ela era perita costureira e chapeleira) e na noite seguinte gravava *O Que É Que a Baiana Tem* para o Downey completar o filme. Esse incidente mudou definitivamente o destino de três pessoas: o de Caymmi, o da Carmen e o meu.

Carmen se apresentou vestida de "baiana" no Cassino da Urca, cantando a música e fazendo o "jogo mímico" que Caymmi lhe ensinara. Um produtor da Broadway, Lee Shubert, viu, gostou e levou Carmen e o Bando da Lua para os EUA. Aproveitando o sucesso de Carmen no musical *Street of Paris*, Claude Gleneker armou uma investida publicitária. Ainda Aloysio de Oliveira:

> No setor de modas, [Gleneker] lançou uma campanha acentuando os turbantes, os sapatos e os balangandãs que Carmen usava em seus trajes de baiana. [...] Uma das mais importantes lojas de Nova York, o Sacks Fifth Avenue, dedicou todas as suas vitrines aos lançamentos da moda baseada na baiana de Carmen. [...] Caymmi nunca poderia imaginar que a letra de *O Que É Que a Baiana Tem* viria a ser exposta nas vitrines da Quinta Avenida.

Pois é. E Caymmi jamais se mostrou envergonhado, indisposto ou grilado com o ambiente técnico em que se move a música popular. Muito pelo contrário. Nem ele, nem os seus discípulos baianos. Numa entrevista dada recentemente, ao completar os seus setenta anos de idade, disse: "Eu penso assim, se o pessoal da minha geração, Lamartine Babo, Luís Gonzaga, se esse pessoal tivesse os recursos que existem hoje... os recursos que um Michael Jackson tem. Pensa que eu não reparo no Michael Jackson? Pois sim..."

Mas vamos retomar o fio da meada. Com a música popular ocupando o tempo das rádios e o espaço do país, os discursos das classes populares pintaram. Não apenas em termos de perspectiva vivencial, mas no próprio terreno da construção verbal. Deu-se relevo estético à fala brasileira, coisa que já vinha acontecendo aí desde antes do Modernismo de 22, movimento literário que defendeu a incorporação do linguajar coloquial ao texto escrito. Caymmi e Geraldo Pereira são momentos privilegiados na tradição dessa poesia que brota da prática cotidiana da língua. "Escurinha, tu tem que ser minha de qualquer maneira", cantava Geraldo Pereira. E Caymmi, acumulando fonemas nasalizados: "É dengo é dengo é dengo, meu bem, é dengo que a nega tem". É claro que não se trata de uma regra geral, por isso destaquei Caymmi e Geraldo.

O caso deste, aliás, é curioso. Geraldo – que começou a ir à escola, cursar o primário, aí por volta dos catorze anos de idade – alimentava o sonho do "escrever bem". Não só no sentido gramatical e estilístico, como também no caligráfico. Aqueles que o conheceram na intimidade concordam ao falar do desejo do escurinho (melhor dizendo, do mulato; Geraldo era um mulato acaboclado, algo índio, de olhos castanho-claros – ou, na curiosa definição do velho ritmista Bucy Moreira, "um cabrocho muito adandizado") em "saber o português" e ter uma letra bonita. Procurava até quem "corrigisse" os textos dos seus sambas. Conta-se mesmo que comprava cadernos de caligrafia e despendia horas treinando a escrita, arredondando os rabiscos. "Um homem tem que estudar; um homem que escrever bem pode até ser um poeta", teria ele dito certa vez à mulata Isabel, o grande e tumultuado amor de sua vida, para quem compôs o belo samba *Liberta Meu Coração*, onde introduz, num velho tópico do lirismo universal, o elemento histórico concreto e sociorracialmente significativo: "Enquanto Isabel, a redentora / Aboliu a escravidão / Outra Isabel, a pecadora / Escravizou meu coração... / Ai, meu viver é tão cruel / Liberta meu coração, Isabel". No caso de Geraldo, como em muitos outros, a carência se transmudou em virtude.

"Como a maioria dos autores populares, o Geraldo tinha falta de cultura e isso reduzia forçosamente o seu vocabulário. Assim ele escrevia seus versos com a linguagem do povo, o modo de falar da massa", observou Cyro de Souza. Eram temas cotidianos tratados na linguagem do dia-a-dia. Caymmi, de outra parte, driblou a literaturização dos seus temas por outro caminho. Não por carência educacional, mas por fastio. Viu-se afastado da cultura livresca graças aos nossos conhecidos métodos "didáticos" de empurrar literatura garganta abaixo dos estudantes.

Mas há compositores cujo texto se fantasia o mais diverso possível da linguagem cotidiana. Orestes Barbosa vai nesta direção. Para ele, a lágrima é uma "pérola nublada", inesperado "misto de alvorada e de luar". Foi por aí, de resto, que chegou a montar os "disparates líricos" (como disse Augusto de Campos) de *Imagens*: "A lua é gema de ovo / no copo azul lá do céu". Mas Orestes é atípico – poeta e jornalista num tempo em que os compositores eram pouco letrados. Em todo caso, o fato é que há um imenso repertório de letras que se esforçam para ser "cultas", cultivando torneios verbais empolados e pretensiosos. Composições que, como notou Beatriz Borges, impressionam pelo rebuscamento de suas letras, revelando não só uma ânsia de *status* cultural, como "uma tentativa de aprimoramento lingüístico sintomática de um desejo de ascensão social através da arte". É o que podemos detectar em muitas composições de Cartola e de Nélson Cavaquinho, para dar apenas dois exemplos. Beatriz cita, a propósito,uma composição em que o velho Cartola diz, entre outras coisas, que "os nossos cicerones são aves cantando / lateralmente as flores deitam aromas sorrindo", e por aí vai. Cartola foi marcado claramente pelo gosto romântico-parnasiano, como bom leitor de Castro Alves, Guerra Junqueira e Olavo Bilac. E é certo que nessa época, década de 30, houve mesmo uma procura em se fazer letras mais buriladas. Marília Barboza da Silva e Arthur de Oliveira Filho consideram que a presença de Orestes Barbosa e o grande sucesso popular de Noel Rosa contribuíram muito para isso:

> Noel, em sua curta vida, conseguiu imprimir um estilo todo pessoal à música popular. De família pequeno-burguesa e cultura universitária, trouxe letras de samba bem cuidadas, ainda que aproveitasse o registro popular da fala carioca. Orestes Barbosa, parceiro de Noel no samba *Positivismo*, escritor e compositor popular, muito contribuiu também com o seu talento para o "banho de loja" que a nossa música recebeu na década de 30.

De fato, muitos viram, em Orestes e Noel, modelos a serem seguidos. E é ainda verdade que, nesse afã de "elevar" a fatura das letras, muitos se atrapalharam, gerando uma espécie de semi-analfabetismo pernóstico, sociologicamente significativo, onde é comum a mistura da imagem emperiquitada com a derrapada gramatical.

Nesse contexto, Lupicínio Rodrigues (que se dizia melhor cozinheiro do que compositor; e, acima de tudo, um boêmio: "Eu não sou músico, não sou compositor, não sou cantor, não sou nada: eu sou boêmio") é um caso especial, com sua estética verbal mesclada, seja pela justaposição do clichê e da imagem imprevista, seja pela freqüente transição da eloqüência à vulgaridade. Há momentos em que ele parece ter horror à fala simples, à palavra plebéia e nua, mas de repente ele rasga o véu e nos atira na cara o achado pedestre, como aquele "bichos-de-pé" de *Sozinha*. Mário Quintana, que o considerava "poeta admirável", assinalou sua "pouca cultura, pouca leitura". Lupicínio, confessadamente, não ia além de romances policiais e de Jorge Amado, passando as vistas nos escritos do seu conterrâneo Érico Veríssimo. Mas, conta Mário Goulart, era cabeça-dura quando os amigos tentavam corrigir os seus "erros de português". Lupicínio detestava correções. "Não, companheirinho, vamos deixar assim, que está bom de ouvido, de rima", era a sua resposta sempre que apontavam um deslize gramatical numa letra sua. No entanto, cultivava também o verbo solene. Ele e alguns dos seus companheiros de samba-canção.

Mas não há lugar para Geraldo Pereira e Dorival Caymmi nessas paragens. Mesmo quando excursiona pelo samba-canção, Caymmi preserva a clareza verbal. Seu samba-canção está sempre distante do de Cartola e sempre próximo da composição inaugural do gênero, *Ai, Ioiô*, em sua versão definitiva. Um bom exemplo disso, dessa limpidez verbal imune ao hiperbólico, está em *Marina*. Nesta composição urbana e intimista, o despojamento lingüístico como que responde ao despojamento físico que o amante deseja encontrar na amada. Caymmi não usa artifícios verbais para condenar artifícios faciais. É estilisticamente coerente com o seu protesto. Daí que eu não goste da gravação que Gilberto Gil fez do samba. Em *Marina*, Caymmi criou uma cena amorosa onde o sujeito está aborrecido porque a namorada pintou o rosto. E a gravação de Gil é só maquiagem. A personagem de Caymmi pedia apenas um favor – exatamente o que Gil resolveu não atender. Era preferível um canto *a palo seco* ao excesso cosmético. Sei que a gravação de Gil teve interesse em termos de política cultural de mercado. *Realce* foi o elepê que representou uma reviravolta no roteiro de Gil. Foi quando ele partiu para a grande jogada de massas, quadruplicando a vendagem dos seus discos. Para encarar a viagem, Gil teve que envenenar os motores da nave. E convidou *Marina* a entrar na roda. O objetivo era injetar Caymmi nos canais da música comercial massiva. Na zoeira das discotecas. Mas penso que o prejuízo estético, na base do "quanto mais purpurina melhor", danificou a boa intenção ideológica. *Marina* é bem melhor *au naturel*.

E Caymmi é a claridade do belo. Jamais comporia algo de comparável a *Vingança* ou a *Dona Divergência*, ambas do grandioso Lupicínio. Caymmi é o avesso da pungência, do melodramático, da retórica rebarbativa. A distância estilística e semântica entre ele e Lupicínio é maior do que a distância geográfica entre Porto Alegre e a Cidade da Bahia. Acho mesmo que só há um ponto de convergência por aí: ambos viajaram pelo mundo do samba-canção. É até curioso porque diversas pessoas já se espantaram diante da notícia de que há samba no Rio Grande do Sul, como aqueles jornalistas de *O Pasquim* que entrevistaram o mulato Lupicínio numa madrugada carioca. Vale, aqui, uma digressão esclarecedora, antes que a gente prossiga viagem. O espanto pasquineiro correu por conta de uma visão estereotipada, fragmentária, do que seja a cultura do Rio Grande do Sul, que às vezes é visto como uma espécie de corpo estranho no conjunto brasileiro de civilização: um lugar exótico – meio argentino, meio uruguaio –, com seus pampas, seus caudilhos, seus vaqueiros bravos e coloridos. Joseph Love fala desse "mito dos gaúchos como estrangeiros", sublinhando ainda o fato "de que o debate a respeito da natureza do caráter do gaúcho tem focalizado exclusivamente uma das subculturas do Rio Grande, o complexo pastoril, um modo de vida ao qual somente uma minoria de rio-grandenses está ligada". A cultura "gaúcha" é apenas uma das almas do Rio Grande. Se Lupicínio aparecesse de chapéu de feltro, bota sanfonada, esporas reluzentes (as "chilenas"), bombacha e poncho, estaria, sem dúvida, fantasiado. Num sentido mais rigoroso, Lupicínio não é "gaúcho" (ou "platino"), nem "colono". É "rio-grandense", para falar em termos das subculturas básicas que formam o Rio Grande do Sul. Hoje, "gaúcho" é termo genérico, mas já foi de emprego específico – e era inicialmente pejorativo, como "capixaba" no Espírito Santo. "Gaúcho" se dizia, tempo atrás, do natural da fronteira. Mas Lupicínio não se criou entre peões na solidão dos pampas. Na vida segregada das estâncias.

Pelo contrário, nasceu ali mesmo em Porto Alegre (a velha Porto dos Casais dos colonos açorianos), em meio à malandragem, à mulataria e aos batuques candomblezeiros da Ilhota. E esta subcultura litorânea, chamada "rio-grandense" por alguns estudiosos de antropologia social, é basicamente luso-africana. Escrevendo no começo do século XIX, Saint-Hilaire já notava que era grande o número de negros, entre livres e escravos, que transitava em Porto Alegre. Informam os especialistas que a maior parte desses escravos foi importada do Rio de Janeiro e era de origem banto. Praticavam lá, no extremo sul do país, os seus batuques e ritos. Lupicínio sempre se disse, aliás, grande amigo dos pais-de-santo de Porto Alegre. Visitando a região na década de 40, Thales de Azevedo anotou que, "a 2 de fevereiro, anualmente, toda a população com mescla africana toma parte na procissão fluvial de Nossa Senhora dos Navegantes, rio Guaíba acima". E não foi justamente numa dessas festas fluviais que Lupicínio viu sua querida Inah nos braços de outro, compondo então *Nervos de Aço*? Aí está. O samba, no Rio Grande do Sul, não é nenhuma surpresa. De resto, quando lá estive, em começos da década de 80, na companhia de Carybé, Pierre Verger e Moa do Catendê, recebi não apenas visitas de mães e pais-de-santo, como a notícia da existência de um afoxé em Porto Alegre. O que não significa que inexistam, na obra de Lupicínio, toques intransferivelmente porto-alegrenses e mesmo "gaúchos", no sentido estrito da expressão. Basta lembrar os trechos de *Felicidade* que nem o Quitandinha Serenaders nem o Caetano Veloso gravaram, onde topamos com um "cavalo tordilho" e o verbo "encilhar". Neste sentido, *Zé Ponte* é delicioso:

> No meu casebre
> tem um pé de mamoneiro
> onde eu passo o dia inteiro
> campeando a minha amada.
> Uma cabocla
> que trabalha ali defronte
> carregando água da fonte
> pra levar pra peonada.

Mas Lupicínio não estava em casa, apesar dos seus esforços, ao tempo do "*boom* gauchesco" que mobilizou a produção musical rio-grandense entre as décadas de 50 e 60. É verdade que ele tentou se colocar nesse surto gauchista, compondo coisas como *Amargo* ("enquanto a chaleira chia / o amargo vou cevando"). Mas, como bem lembra o já citado Mário Goulart, o fenômeno de massas do regionalismo gaúcho não foi Lupicínio (não poderia ser), mas Teixeirinha. Outro equívoco que deve ser desfeito é a negação da influência do tango. Rio-grandenses não são argentinos ou uruguaios: são brasileiros. Mas os contatos entre o Rio Grande e os seus vizinhos é constante e intenso. Artistas sempre circularam cruzando aquelas fronteiras. Daí a inexplicável postura de Lupicínio, não admitindo a existência de quaisquer relações entre a sua criação e o tango. Augusto de Campos, certa vez, lhe perguntou sobre o assunto. Lupicínio reagiu, refugou, negou. E Augusto, anos depois, registrou que não só *Vingança* havia feito sucesso como tango em Buenos Aires, como salientou que muitas das composições de Lupicínio "poderiam ser tocadas diretamente em ritmo de tango". Mas talvez não seja difícil encontrar justificativa para a negação de Lupicínio. Quem vive em fronteira, em giros e regiros de interpenetração e caldeamento, reage instintivamente a qualquer menção de "influências". Ninguém quer abrir a guarda. Trata-se, antes, de cultivar alguma quintessência ou quinhão anímico.

Na promoção dos discursos populares brasileiros, o rádio revelou nossa natureza de país multicultural. Em seu duplo movimento, constituiu-se em foco de atração e de irradiação, concentração e dispersão, de nossas formas musicais populares. Por seu alcance, exibiu a todos nós o nosso próprio colorido de cultura. Levava Caymmi ao sertão; Lamartine Babo e Noel Rosa à Bahia; Assis Valente a Minas Gerais; o baião ao Brasil meridional. Um ouvinte centro-sulista podia ouvir, no mesmo dia, Caymmi e Luís Gonzaga. Ou, como diria Euclides da Cunha, um mestiço neurastênico do litoral e um sertanejo-antes-de-tudo-um-forte.

Ouvia-se então que existiam ao menos dois nordestes, bem definidos, em linhas gerais, por Gilberto Freyre. Um era o Nordeste "onde nunca deixa de haver uma mancha de água: um avanço de mar, um rio, um riacho, o esverdeado de uma lagoa" – e onde "noite de lua parece escorrer um óleo gordo das coisas e das pessoas". É o Nordeste que pode ir da praia de Amaralina à onda azul do mar do Maranhão: Nordeste do massapê, do canavial sedeando ao vento, do vodum, do bodum, do fartum, dos orixás. Nordeste de Caymmi. O outro Nordeste, ainda segundo Freyre, é o dos "sertões de areia seca rangendo debaixo dos pés"; das "paisagens duras doendo nos olhos"; das "figuras de homens e de bichos se alongando quase em figuras de El Greco". Não é mais o Nordeste sedentário da monocultura latifundiária, mas o Nordeste do seminomadismo imposto pela terra estéril, quando o sol vem chupando as poças. Nordeste das ossadas esbranquiçadas e do azul sem nuvens. Nordeste de Luís Gonzaga. Roger Bastide ficou espantado com o contraste. Reproduzo, a seguir, algumas das suas anotações:

> No litoral, a riqueza da vegetação exuberante, de um verde quase negro, com raízes mergulhadas nos pântanos e o cimo muitas vezes coroados de brumas matinais – plantas que arrebentam de seiva, de mel, de perfumes. No sertão, a caatinga, como lhe chamavam os índios, com uma vegetação de cactos, de moitas espinhosas, de ervas raquíticas, amarelas, calcinadas, de árvores esqueléticas com folhas raivosamente eriçadas, transformadas em espinhos ou arestas, de árvores ventradas

que são como odres para reter sob a casca rugosa a maior quantidade possível da mesquinha água da chuva. [...] O jeito de andar do sertanejo, anguloso, duro, ossudo, é inteiramente diferente do andar cadenciado das mulatas que, com um doce balancear das ancas, vão para as fontes, pote de água à cabeça, pés descalços, acariciando a terra. [...] A civilização do sertão não foi marcada pelo negro. A criação de gado não necessitava de mão-de-obra abundante. O escravo, quando existia, era o escravo doméstico que cultivava a roça ou cozinhava. O índio, em compensação, marcou com seu sangue os "mores" e os costumes. Uniu-se ao branco e deu uma raça de vaqueiros e domadores do espaço. Raça de mulheres silenciosas e um pouco selvagens, resistentes ao trabalho, e de homens adaptados a uma terra ingrata, muito amada no entanto, e tanto mais amada, sem dúvida, quanto mais ingrata. [...] A própria religião modifica-se quando passa de uma zona para outra. À beira-mar, eis o grande apelo místico das igrejas cintilantes de ouro, das cabeças dos querubins alados, ou das cariátides voluptuosamente retorcidas sob o altar dos santos. No sertão, a religião é tão trágica, tão machucada de espinhos, tão torturada quanto a paisagem; religião da cólera divina, num solo em que a seca encena imagens do Juízo Final. [...] A civilização da cana é uma civilização carnal. A do sertão tem a dureza do osso.

De fato, passar da Rosinha de *O Mar* (Caymmi) à Rosinha de *Asa Branca* (Luís Gonzaga / Humberto Teixeira) é passar de um universo sociológico a outro; de um a outro mundo etnolingüístico; de um horizonte estético-ideológico a um outro horizonte estético-ideológico. É por isso que foi Luís Gonzaga e não Caymmi a estrela da migração nordestina para São Paulo. O Rei do Baião se projetou no contexto dessa migração massiva. E desempenhou o papel nada insignificante de referencial de cultura, influenciando na coesão psicossocial do migrante e, graças ao sucesso que alcançou no sul, no processo de integração do "baiano" na nova realidade (desenvolvi o tema no estudo "O Solo da Sanfona", publicado na *Revista USP*). São reveladoras, desse ângulo de análise, as diferenças no relacionamento com a "terra" que encontramos nas obras de Caymmi e Gonzaga. O homem do Recôncavo da Bahia – pisando numa terra "pegajenta e melada", que se "agarra aos homens com modos de garanhona", na pitoresca definição de Gilberto Freyre – não é tão intensamente ligado à terra, ao barro, quanto o sertanejo. Este, filho dos "areais exsicados" (Euclides), não raro é obrigado a se mudar, como o Fabiano de *Vidas Secas*, espécie de "judeu errante" – "um vagabundo empurrado pela seca". No entanto, o sertanejo é impressionantemente atado à terra. Uma comparação entre *João Valentão* (Caymmi) e *Asa Branca* esclarece. Em *João Valentão*, a palavra "terra" é empregada no sentido de terra natal. Em *Asa Branca*, no sentido concreto de solo nordestino, chão batido ou rachado que se tem sob os pés.

Esta encantadora variedade da nossa flora musical pode ser perquirida por incontáveis rumos. Aproximei Caymmi e Geraldo Pereira antes, mas posso igualmente apartá-los. A poesia de Caymmi é coloquial, mas nem por isso se confunde com a poética da malandragem. Seu texto não é assimilável ao texto malandro, que Cláudia Mattos estudou. "Malandro" e "otário", os termos antitéticos da malandragem, inexistem no vocabulário caymmiano. Não encontramos aí nem o malandro carioca típico da década de 30 (de lenço no pescoço e navalha no bolso, como o descreveu Wilson Batista), nem o malandro regenerado da década de 40, pisando macio sob o olhar vigilante da censura do Estado Novo, organizada no DIP. O que não significa que tipos malandros não façam pontas em cenários caymmianos. As raízes da malandragem são antigas entre nós: remontam aos tempos do escravismo colonial. Mas Caymmi apenas anota presenças, diluindo-as em meio a muitos outros elementos. Não tematiza um capoeirista ou a capoeiragem, por exemplo, embora uma personalidade como Besouro Cordão de Ouro, com a sua pena de pavão no chapéu, tenha sido famosa em todo o Recôncavo da Bahia. A personagem de *Eu Não Tenho Onde Morar* desfila atributos da vadiagem, mas mesmo assim comete heresias, do ponto de vista da malandragem carioca: banca o quarto da amiga, dormita na beira da praia e nada indica que seja de briga. E *Eu Não Tenho Onde Morar* é uma exceção. Caymmi contraria a ideologia da malandragem. O pescador de Itapuã não é exatamente o que se possa chamar de inimigo do batente. Mas a última coisa que passaria pela cabeça de Caymmi seria chamá-lo "otário". Além disso, Caymmi nunca foi satírico.

Geraldo Pereira afirma uma malandragem inseparável da nova vida social do Rio de Janeiro. Nesta nova contextura social e produtiva, o samba malandro é a voz dos morros. A crítica colorida da moral capitalista do trabalho. Pereira, embora tenha nascido no interior de Minas Gerais, foi para o Rio de Janeiro ainda menino, para tomar conta da birosca do irmão no morro da Mangueira. Ingressou assim na vida do morro e no universo da malandragem. Porradeiro, mulherengo, curtidor dos bares e dos cabarés cariocas, com passagens pelas luzes dos cassinos da então "cidade maravilhosa", Geraldo encarnava esse mundo, construindo a partir daí o seu "samba leve e cheio de divisões rítmicas", para lembrar a definição de João Gilberto. Geraldo era bem a expressão do mundo em que viveu. Seus temas dizem respeito à escola de samba, ao morro, à favela, à gafieira, etc. Daí que o seu coloquialismo – o coloquialismo da estética da malandragem – seja bem diverso do coloquialismo de Caymmi. Na observação de Jorge Aguiar, Geraldo Pereira dá um polimento poético à "língua dos trens de subúrbio, das gafieiras, das rodas de malandragem da Lapa, das subidas sinuosas dos morros". Não é este o *sermo quotidianus* que serve de matéria-prima ao cantor da Bahia. Por outro lado, para que não haja equívoco, é bom lembrar que, embora não se integrando à malandragem, Caymmi não caiu no conto estadonovista da celebração do trabalho. Nunca disse que pegar no batente dignifica o homem. Nem mesmo de modo compulsório, como aconteceu em *O Bonde de São Januário*, de Wilson Batista e Ataulfo Alves. Ser pescador em Itapuã não é a mesma coisa que ser funcionário público. E não se trata simplesmente da diferença entre trabalhar no enxuto e trabalhar no molhado. Recordem a vívida alegria de *Pescaria*. Ainda não estamos aqui num mundo em que o desempenho produtivo implique a supressão da individualidade. Nada aqui se parece com a rotina do "ser humano fatigado por sua jornialidade no tediário", como diria Joyce, via irmãos Campos. Acho até que o velho Caymmi, do alto de sua sabedoria prática, concordaria com Thoreau: "O trabalho é uma fuga à verdadeira ocupação da vida".

E se quisermos levar ainda um pouco mais adiante o desenho dessa multiplicidade, da série de "diferenças" que vão compondo a música popular brasileira, basta focalizar rapidamente uma outra figura marcante, embora do segundo time: Adoniran Barbosa. Seu coloquialismo e sua relação com o mundo do trabalho divergem dos modos de Caymmi e Pereira. De uma parte, Adoniran, que foi desde garçom de Pandiá Calógeras (então ministro da Guerra) até ator de radionovela e cinema (*O Cangaceiro*, de Lima Barreto, por exemplo), tinha uma postura ambígua, contraditória, diante do trabalho. O malandro não está ausente do seu samba – basta ouvir *Conselho de Mulher* –, mas aí também comparece o moço responsável e trabalhador. As personagens radiofônicas que criou incluem tipos tão diversos quanto o malandro Charutinho e o motorista de táxi Giuseppe Pernafina (ver, sobre o assunto, Valter Krausche). De outra parte, Adoniran também cria, como Caymmi e Pereira, em cima de cenas cotidianas, de tipos populares, da linguagem das ruas. Mas o resultado de sua criação é absolutamente distinto, pois são distintos os tipos, as cenas, a linguagem. Estamos aqui no caldeirão étnico de uma São Paulo em modificação permanente. Como o próprio Adoniran se retratou certa vez como um *osservatore* dos tipos de rua, não é surpresa que alguém tenha falado de sua música em termos de samba *al sugo*. Filho de imigrantes italianos, Adoniran foi um típico exemplar de "elegância suburbana", com a sua "voz de lixa a sibilar nos plurais pernósticos ou a espraiar-se nas simplificações fonéticas da fala ítalo-caipira de São Paulo", como bem o definiu José Paulo Paes. É outro o mundo brasileiro que aí se manifesta. Estranho a Caymmi e Geraldo Pereira, Adoniran foi o sambista dos subúrbios proletários de São Paulo. Seu samba, no entendimento de Paes, se diferencia em pelo menos dois aspectos do samba malandro do Rio de Janeiro. "Essa diferencialidade se ostenta desde logo no uso habilidoso, para fins de um humor por vezes tragicômico, da fala acaipirada, aqui e ali engastada de um italianismo." Em segundo lugar, enquanto o samba carioca comemorava em dicção malandra o jeito de corpo e a boemia das favelas e da velha Lapa, os sambas de Adoniran se ocuparam antes "em retratar o mundo suburbano do trabalho". Curioso ainda é que mesmo uma transação amorosa é interrompida pelos zelos da responsabilidade profissional e filial no delicioso *Trem das Onze*, em cena impensável no quadrante da mitologia sexual baiano-carioca.

Foi justamente por causa desse afloramento de matizes culturais variados, na textura *in progress* de nossa música popular, que pôde surgir um compositor como Ary Barroso. Ary foi quem, em toda a história da música popular brasileira, mais explícita e tenazmente perseguiu (esta é a palavra) o reconhecimento público irrestrito de sua própria grandeza. Seu sonho foi, como ele mesmo confessou, deixar "às gerações futuras" algo que o tempo não conseguisse corromper. Este sonho de imortalidade era tão obsessivo que dotou Ary de antenas sensibilíssimas. Esta é a base psicológica da sua decantada versatilidade estilística. Apostando em todas as possibilidades de se imortalizar, Ary, personagem fascinante, se exercitou nos mais variados meios e modos possíveis de se fazer música popular no Brasil.

Mas ele não poderia ter cumprido tal percurso se os tais meios e modos, por ele acionados, não tivessem se projetado, como jóias num eixo sincrônico, no espaço da cultura brasileira. Esta foi a condição histórica da realização estética ary-barrosiana. Foi assim que Ary pôde fazer dos compositores que foram seus contemporâneos *personae* suas. Mas de forma complexa. Ary não foi um mero diluidor, em sua extraordinária capacidade protéica. Cara de máscara, isto sim. *Camisa Amarela* (Ary) poderia talvez ter existido sem *Camisa Listrada*, de Assis Valente. Porque Ary era capaz de compor a partir de quaisquer sinais que indicassem a ele um caminho possível para se perpetuar. Nesta ânsia de imortalidade, Ary chegou à Bahia, tema arquetípico ("a Bahia e suas tradições, suas lendas e crenças, seus dengues, suas comidas foram sempre motivo de encantamento de poetas e escritores, de artistas e seresteiros", escreveu Jota Efegê em seu estudo sobre Sinhô). Além de levar Josephine Baker a um terreiro de umbanda e de compor um samba chamado *Xangô*, Ary fez *Tabuleiro da Baiana* antes que Caymmi conhecesse o sucesso. Foi um oportunista genial, nascido em contexto propício. Vale uma última nota, aliás. Caymmi mantém a sua singularidade estética, diante de Ary Barroso, até pela própria abertura em leque da criação ary-barrosiana. Ary, à maneira do Denis Brian de *Bahia com H* ou do Herivelto Martins de *A Bahia Te Espera*, fala do ponto de vista de quem visita a Bahia. Caymmi, ao contrário, é um emissor de mensagens baianas.

Caymmi é cêntrico. Jamais comporia uma canção para todos os mares, todos os navios, à maneira de Walt Whitman. Desse ponto de vista, seu avesso mesmo, na história da música popular brasileira entre as décadas de 30 e 50, é um outro baiano. Refiro-me a Assis Valente, cujo desgarramento existencial se traduziu em desgarramento estético de excepcional modernidade. É até curioso confrontá-los. Ao que parece (não se pode fazer afirmação peremptória sobre o assunto: a vida de Assis mais sugere uma coleção de pistas falsas), Assis e Caymmi nasceram bem próximos um do outro, em Salvador. Assis no Campo da Pólvora e Caymmi no Bângala – cada um no cocuruto de uma colina, separadas entre si por um grotão. Mas é impressionante o quanto estão afastados um do outro, de uma perspectiva estética. Assis é irreverente, satírico, explorando o vocabulário urbano-carioca, empregando palavras estrangeiras, compondo caricaturas lingüísticas. "Si vu frequentê macumbê/ entrê na virada e finí pur sambá", convida ele em *Tem Francesa no Morro*. Autor de obras-primas como *Camisa Listrada* e *Uva de Caminhão*, suas "reportagens sonoras" eram agudos e criativos flagrantes poéticos da vida no Rio de Janeiro. As próprias referências à Bahia dizem, na verdade, de sua vivência carioca. Recordem que, embora se declarasse devoto do Senhor do Bonfim, não foi dele que se lembrou em *Brasil Pandeiro*, citando, antes, a padroeira da Penha. Ele mesmo dizia, de resto, que era "carioca de coração".

Totalmente estranho a Caymmi é ainda o tema da batucada enquanto alegria fingida, filha do padecimento. O tema não é de modo algum monopólio de Assis, é claro. Podemos encontrá-lo em outros sambistas. Mas nas mãos de Assis ganhava uma qualidade própria, de base biográfica. O "risonho Assis" era um homem torturado, com suas constantes crises de choro nervoso e derramado, carregando o peso e a culpa de muitos estigmas. Sofria terrivelmente por ser mulato, homossexual e suicida. Não é raro encontrar versos de funda tristeza em sua música alegre. Ele mesmo, amargurado, chegou a rabiscar o seguinte: "Encontro um riso mesquinho zombando de mim mesmo no ridículo de minha vida". Barra pesada. Assis se grilava até mesmo por ser boêmio e sambista, volta e meia anunciando que iria abandonar tudo aquilo (rapazes, bebidas, acordes), para se concentrar exclusivamente em sua profissão de protético (tinha consultório, inclusive, com seu nome gravado na porta de vidro). Mas não é este um tema que eu vá examinar aqui. O que interessa fixar, no momento, é que Assis, talento múltiplo e desinibido (compôs até para as festas de Natal e de São João), foi cronista solto, mordaz, da vida carioca. Barco sem leme entregue ao acaso das ondas desordeiras, só poderia mesmo ter sido o avesso de Caymmi, este que, apesar dos passeios, tinha sempre o seu porto seguro. Ainda que flertando em sua obra com o samba-canção, Caymmi foi – sobretudo – um cantor de coisas e momentos nativos.

Acho que, a esta altura, não preciso justificar a expressão que empreguei no início do texto, quando disse que nossos músicos populares foram "etnógrafos de ouvido". O que não significa, de modo algum, que tenham se fechado num idioleto qualquer. Pelo contrário, sua universalidade é um fato. Em vez de imergir em acidentes, conseguiram transfigurá-los, fazendo-os legíveis para além da esquina lusco-fusqueada ou do braço de mar. Do mesmo modo, espero que tenha se desenhado, com nitidez, a singularidade de Caymmi, em meio a tantas diferenciações. Na verdade, penso que a singularidade estética de Caymmi é uma dessas coisas que podemos perceber espontaneamente, sem necessidade de apelar para o esforço crítico. E o que me importa, agora, é impedir que esta evidência nos enfeitice ao ponto de sonharmos que Caymmi existe a vácuo, ou em alguma bolha antigravitacional. Não: Caymmi pertence a uma tradição e faz parte de um contexto.

Sempre que me refiro ao assunto, surge alguém para lembrar que o que há de mais parecido com Caymmi não está na música popular, mas na literatura: Jorge Amado. Concordo e discordo. Discordo porque o que há de mais parecido com Caymmi está mesmo é na música popular. E, quando concordo, concordo apenas parcialmente. Se o parentesco entre Jorge e Caymmi é óbvio, poucos parecem acentuar as diferenças que os separam. Em termos praieiros, Caymmi é Itapuã. Jorge é o cais e os ancoradouros do Recôncavo. Não encontramos, na poesia caymmiana, o movimento de navios no porto, os saveiros que sobem o Paraguaçu, o suor dos estivadores, o jogo doce-amargo das rameiras. Existe, ainda, a diferença ideológica. Naquela época, Jorge, como a Dulce de *Mar Morto*, estava à espera de um milagre social. A utopia comunista possuíra a sua alma. Caymmi, ao contrário, era imediatista. O milagre que contava era o milagre que registrou em canção, algo que está acontecendo e não algo que está por vir: não o milagre da suposta futura vitória proletária, mas o dos peixes preados por Maurino, Dadá e Zeca, "em dia de pesca e de pescador" (*Milagre*). Existe também a diferença de estilo. Caymmi tende para a síntese (não é por acaso que ele acha que é a poesia que tende para a síntese, estando por isso mesmo mais próxima da expressão musical do que da literária, opinião que partilha com o erudito Ezra Pound). Jorge, apesar desta ou daquela frase curta, costuma escrever de um modo esparramado, oleoso, a lembrar as ondas gordas da Bahia de Todos os Santos.

Mas é interessante verificar, além disso, que Jorge e Caymmi, quando trocam de posição, indo um à seara do outro, fazem, do eventual outro, *persona* sua. É o caso de Jorge Amado na letra *É Doce Morrer no Mar*. A escrita é enxuta, apesar do tema aquático. O refrão cristalino – "é doce morrer no mar, nas águas verdes do mar" – é puro Caymmi. Este, por sua vez, vira Jorge Amado quando vai à prosa.

> Todos os anos estava eu na praia de Itapuã junto aos pescadores, saindo para o mar nas jangadas e saveiros, ouvindo as histórias de Iemanjá. Como as ouvia, também, nos mercados e feiras, no Porto da Lenha, na beira do cais. Os negros e mulatos que têm suas vidas amarradas ao mar têm sido a minha mais permanente inspiração. Não sei de drama mais poderoso que o das mulheres que esperam a volta, sempre incerta, dos maridos que partem todas as manhãs para o mar no bojo dos leves saveiros ou das milagrosas jangadas. E não sei de lendas mais belas que as da Rainha do Mar, a Inaê dos negros baianos,

escreve Caymmi no *Cancioneiro da Bahia*. E confesso que prefiro Jorge Amado fazendo poemas caymmianos a Caymmi proseando à Jorge Amado. *É Doce Morrer no Mar* é criação mais do que feliz, ao passo que a prosa caymmiana está mais para um pastiche do fabulário amadiano.

Seja como for, o parentesco Jorge/Caymmi nos leva a um desdobramento da análise. Afirmar a singularidade estética de Caymmi não significa dizer que o compositor baiano tenha encontrado alguma virgem e preciosa mina. Caymmi não é um objeto não-identificado brilhando inesperadamente no céu da poesia brasileira. Cantam os negromestiços num terreiro de candomblé da Bahia: "Dona Janaína princesa que é / Filha das águas lá do Abaité". E quando em *Milagre* Caymmi canta "se sabe que muda o tempo, se sabe que o tempo vira, aí... o tempo virou", a gente se lembra logo de um cântico para o orixá Tempo: "Vira o Tempo, vira o Tempo, vira o Tempo / ó, o Tempo virou!"... Marino, que é de güentá, güentô...

É fácil verificar o enraizamento de Caymmi na "série social" e na "série estética", para usar os termos dos formalistas russos. Veja-se o tratamento poético que Caymmi deu à cozinha baiana. É antiga essa cultura culinária. Já no século XVIII, Vilhena anotava que, das casas mais opulentas de Salvador, saíam "oito, dez, e mais negros a vender pelas ruas a pregão as cousas mais insignificantes e vis" (caruru, acarajé, acaçá, vatapá, etc.). Caymmi absorveu os três aspectos desse comércio: o "negrismo", o pregão, as cousas insignificantes e vis. *A Preta do Acarajé*, texto bilíngüe, luso-iorubano, é um exemplo acabado. A "negociação ludibriosa", como a chamou Vilhena, rendeu criativamente. Caymmi estetizou o próprio modo de preparo das iguarias. Sentiu a linguagem da poesia pulsando no rol de ingredientes de uma receita. Resultado: *Vatapá*. E há um subtexto aqui. A letra é gastronômico-sexual. Graças ao verbo "mexer", que integra o léxico sexual brasileiro. Uma "nega que sabe mexer" é uma mulher boa de cama. *Vatapá* ganha então um outro sentido: o do melado gostoso do sexo. Num *show* ao lado de Caymmi, a morena Gal Costa sublinhava a frase com um remelexo. Em outra composição, *Açaçá*, Caymmi aproximou comida / corpo: "bem feito é o acaçá de leite / bem feito é o acaçá / bem feito é o corpinho dela / bem feito como acaçá". O verbo "comer" tem entre nós esse duplo sentido de se alimentar e de trepar. E a cozinha baiana é mesmo sensual, ao contrário, por exemplo, do ascetismo macrobiótico. É sintomático que o vocabulário usado para descrevê-la, mesmo por parte dos seus críticos mais severos, pertença ao repertório erótico.

Aí está o enraizamento de Caymmi na "série social". Vejamos agora como o seu "samba-receita" se articula na "série estética". Caymmi, como já disse, pertence a uma tradição. São muitas as cantigas populares nascidas da cozinha baiana. Um exemplo conhecido é *Anquinha*: "tá tá tá tá tá / comeram a panela / do vatapá". Valle Cabral encontrou em 1880, entre os cantos populares do Recôncavo da Bahia, *A Moqueca*: "mendengues feitados / de minha Sinhá / pimenta de cheiro / molho de fubá / tudo isso mexido / por mão de Iaiá". E Jota Efegê, que andou seguindo o cheiro do vatapá pela música brasileira, apontou coisas próximas da criação caymmiana. Ele cita *Vatapá da Bahia*, provavelmente um lundu, letra e música desconhecidas, cantado por Suzanne Canestra. Curiosa é a documentação: quando Suzanne cantava, a platéia reagia com aplausos e risos. Efegê conclui que a composição era, no mínimo, "brejeira". Pouco depois, em 1906, Paulino Sacramento também fez um "samba-receita". A letra lembra Caymmi: "o vatapá, comida rara / é assim, iaiá, que se prepara". Assim: "você limpa a panela bem limpa / quando o peixe lá dentro já está / bota o leite de coco, o gengibre / a pimenta da costa e o fubá". Comenta Efegê que o vatapá dispensou os tratados de culinária: "Dois compositores patrícios, e arrolando-se os versos interpretados pela *chanteuse* Suzanne Canestra, fizeram do vatapá alegres canções. Paulino e Caymmi, ao jeito de receita, indicaram os ingredientes, a condimentação, pondo os 'cucas' aptos a testarem a lição".

Rastreamento semelhante pode ser feito do Caymmi cantor da "baiana", esta figuração típica das mulheres mestiças da Bahia. O que é que a baiana tem? – pergunta o poeta. Ela é grácil, sensual, luxuosa. O aspecto mais marcante desta representação ficou por conta do traje. Da profusão dos detalhes vestuais. Caymmi soube estetizar. E ainda pôs ou repôs em circulação, no sul do país, uma expressão quase desconhecida por lá – "balangandãs", termo relativo àquelas coisitas tão características da roupa de baiana quanto o chapéu de couro da do sertanejo ou a cuia e a bombilha da do gaúcho.

Comecemos novamente pela "série social". A história do traje é complicada e não vou retraçá-la aqui. Adianto apenas que as mulheres pobres da Bahia foram sendo progressivamente vestidas, antes que a roupa se tornasse signo do lugar, vindo a cobrir o corpo de Martha Rocha. A lascívia das escravas seminuas foi sublimada, não desapareceu. Há documentos curiosos sobre o assunto. Já em 1709, nossas mulatas subvertiam a tal ponto a vida familiar que a Câmara de Salvador pediu providências ao rei de Portugal. Sua Majestade correspondeu. O texto do seu decreto, endereçado ao governador, é uma peça inesquecível: "Vos ordeno não consintais que as escravas usem de nenhuma maneira de sedas, nem de telas, nem de ouro, para que assim se lhes tire a ocasião de poderem incitar para os pecados com os adornos custosos de que se vestem". Na mesma época, um irônico padre Antonil escrevia que a maior parte do ouro de nossas minas passava para reinos estranhos e a menor parte ficava em Portugal e no Brasil – "salvo o que se gasta em cordões, arrecadas, e outros brincos, dos quais se vêem hoje carregadas as mulatas do mau viver e as negras, muito mais do que as senhoras". Mas de nada adiantaram os protestos. No final daquele século, Silva Lisboa dizia que as mulatas vulgares da Bahia pareciam "taboletas cobertas de oiro". À entrada do século XIX, o cenário é o mesmo. Spix e Martius registraram o luxo das pretas e mulatas da Bahia, "as quais realçam com o brilho de tais correntes o luxo domingueiro das saias de musselina branca, enfeitadas de bonitas rendas". A cena permanece na segunda metade do século. De passagem pela Bahia, antes de se tornar imperador do México, Maximiliano de Habsburgo (o etnocentrista romântico que nos deu a mais divertida das crônicas já escritas sobre a festa do Senhor do Bonfim) não pôde deixar de reconhecer a beleza das negras enfeitadas de corais, contas de vidro, cordões de ouro, figas. Mesmo no Rio de Janeiro, essas "baianas" mantinham porte e postura. Basta ver o que delas diz Manuel Antônio de Almeida, entre o encantado e o preconceituoso, nas *Memórias de um Sargento de Milícias*.

Mas cheguemos ao século XX. Não creio que, na adolescência de Caymmi, o ouro ainda fosse fácil. Verdade que muitas moças devem ter herdado jóias de suas bi ou trisavós. Mas já estávamos no reino do cobre e do latão. E aqui vemos que Caymmi é seletivo. Da mesma forma que privilegia esteticamente os aspectos "coloniais" de sua cidade, trata somente da "baiana" mais tradicional. Baiana do brinco de ouro, não do bracelete de lata. Note-se quantas vezes a palavra "ouro" comparece em seu texto: "tem torso de seda tem / tem brinco de ouro tem / corrente de ouro tem / tem bata rendada tem / pulseira de ouro tem". E mais adiante: "um rosário de ouro, uma bolota assim". E o importante é que esse traje, antes combatido e, ainda nas primeiras décadas do século XX, considerado indumentária de mulher pobre e vulgar, foi recuperado pela arte. Caymmi se situa curiosamente entre dois decretos oficiais. Um proibitivo, do poder imperial, no começo do século XVIII; outro impositivo, do governo baiano, que hoje obriga as vendedoras de acarajé a se vestirem de "baiana"...

A localização de Caymmi na "série estética" é igualmente fácil. Verificamos a permanência do tema e das imagens, a ponto que me lembro do exagero polêmico de Chklóvski: "As imagens não são de ninguém, elas são de Deus". Lembrem o velho samba-de-roda: "mulata de ouro, eu vou lá / ê ê ê á". Afrânio Peixoto transcreveu um samba recolhido pelo pastor protestante Richard Holden, que viveu na Bahia no século XIX: "a mulata é de ouro / é ouro só / as cadeira dela / é ouro só". Lendo a quadrinha, Jota Efegê se lembrou imediatamente de outro samba, composto depois do sucesso de Caymmi com Carmen Miranda: *É Luxo Só*, de Ary Barroso. A semelhança é notável: "ah, essa mulata quando dança / é luxo só / quando todo o seu corpo se balança / é luxo só". Caymmi está inserido entre um ("é ouro só") e outro ("é luxo só"). E não é só luxo vestual. A concordância vai ao gestual. Na quadrinha, como no samba de Ary, um mesmo vocábulo remete às jóias e ao movimento dos quadris. Caymmi também tem os olhos aí. Ele e Ary empregam o verbo "requebrar". Caymmi: "quando você se requebrar, caia por cima de mim". Ary: "mexe com as cadeira, mulata, seu requebrado me maltrata". Embora Caymmi não a empregue aqui (mas sim em outros sambas, como *A Vizinha do Lado*), tanto na quadrinha quanto no samba de Ary ouvimos "as cadeira", fórmula típica da fala popular e da poesia do samba. Todos devem estar lembrados do samba-de-roda: "quando eu vejo mulher magra / trabaiá a semana inteira / quando chega segunda-feira / procura as cadeira, não acha / procura as cadeira – fugiu". E Caymmi: "ela mexe com as cadeira pra cá / ela mexe com as cadeira pra lá / ela mexe com o juízo / do homem que vai trabalhar". São as ancas femininas em marca da fala brasileira.

Mas vamos ficar por aqui, pois acho que aqui chegamos com a certeza de que Caymmi, com toda a indiscutível singularidade de sua personalidade criativa, move-se num campo perfeitamente identificável e demarcável. Ele não surgiu do nada. Está enraizado num contexto histórico-social e se desloca, com a liberdade que as linguagens permitem, no espaço de uma poética solidária. É bem verdade que muito mais pode ser dito sobre o assunto, mas acho que disse o suficiente. Melhor, agora, ligar o som. E ouvir a etnografia poético-musical da Bahia.

UMA UTOPIA DE LUGAR

Meu tema é a presença de Caymmi no terreiro da cultura brasileira. O nosso doce Dorival, entidade viva entre o barro e a estrela, tendo à sua frente: o mar. Mas antes que tese perpetrada sob o escudo de algum método todo-poderoso, o que você vai ler ou folhear apenas, nas páginas seguintes, é um conjunto de notas que desenharão alguma espécie de viagem. Tenho ao menos, como diria Fernando Pessoa, "o sonho da passagem". E vou seguindo um conselho do velho Chklóvski: um escrito sobre um poeta, se não é uma biografia, pode começar de qualquer maneira.

Comecemos, então, por uma mudança. Quando Caymmi desembarcou no Rio de Janeiro, pouco antes de completar os seus 23 anos de idade, com ele desembarcou um outro Brasil. Nem mais verdadeiro, nem mais falso – um outro. É preciso não perder de vista este contraste, se queremos, como sinalizei, apurar sentidos da presença estética caymmiana no terreiro da cultura brasileira. Projetando-se nacionalmente entre a Revolução de 30 e o "desenvolvimentismo" juscelinista, Caymmi levava consigo a cultura litorânea de uma cidade tradicional, principal agrupamento urbano do Recôncavo agrário e mercantil da Bahia. Uma cultura de traços próprios que se formara ao longo de mais de cem anos de solidão, no entrecruzamento constante de elementos, formas e práticas culturais de extração essencialmente luso-africana. E da qual Caymmi seria expressão estética concentrada.

É por aí, de resto, que se pode falar em músicas brasileiras – no plural –, cada contexto ecossocial projetando seus signos. Em música popular carioca, se Geraldo Pereira for o tema em tela. Em música popular paulista, inclusive em suas implicações migratórias, num estudo da obra de Adoniran Barbosa. Em música popular baiana, caso de um escrito sobre Dorival Caymmi. Estaremos, nos três momentos citados, diante de subvariantes de uma das principais variantes da música popular internacional: a variante brasileira. Esta discriminação é ainda mais fácil de fazer quando sabemos que Pereira e Caymmi conheceram seu esplendor criativo numa época em que os meios eletrônicos de comunicação de massas mal estavam chegando, no Brasil, à primeira dentição. Geraldo Pereira, o grande sambista da malandragem carioca, autor de *Falsa Baiana* e *Acertei no Milhar* (parceria com Wilson Batista), morreu quando a televisão apenas engatinhava por aqui. Nossa primeira emissora – a TV Tupi, de São Paulo – surgiu em dezembro de 1950. E anos se passariam antes que a pressão do novo *medium* se fizesse socialmente irresistível. Mas que ninguém pense que, com esta caracterização, pretendo encerrar Caymmi no tricô regionalista. Não desejo reduzir, em alcance ou interesse, a criação caymmiana. Seria tolo. Caymmi sempre soube – e como raros – universalizar a circunstância social e ecológica que o contemplou.

Mas é evidente que uma atenção para o subsistema cultural baiano será recomendável para a boa compreensão da obra caymmiana. A Cidade da Bahia foi concebida pelo império português como uma espécie de capital do Atlântico sul: "o fulcro do triângulo Portugal-Brasil-Angola", como disse um estudioso. Mas já vinha perdendo o primado da economia desde o eclipse do açúcar e os primeiros brilhos do ouro mineiro. Era ainda opulenta e populosa – considerada a mais importante cidade do império português, depois de Lisboa –, quando foi duramente golpeada com a mudança da capital do Brasil Colônia para o Rio de Janeiro e o estabelecimento aí da corte lusitana que escapara ao cerco napoleônico. A partir desses eventos, a província ficará à margem. Atravessará mais de cem anos de solidão, de ensimesmamento, até que experimente a ação aglutinadora do capitalismo brasileiro, em sua expansão nordestina. Escanteada, a Bahia não foi envolvida pelo onda de "modernização" que se armou no país – ou, mais precisamente, no Brasil meridional. E assim chegou ao século XX com uma organização produtiva arcaica, agromercantil, que só da década de 50 em diante viria a ser afetada em escala significativa. Em outras palavras, o "modelo econômico" em vigor surgira na superação do extrativismo do pau-brasil, para ultrapassar o marco da Revolução de 30. De Mem de Sá a Getúlio Vargas...

Foi nesse longo e lento período insular que se desenhou, com maior nitidez, um campo distinto de cultura. Costumo dizer que se, para a economia baiana, o que avança com o avançar do século XIX é um processo crepuscular, para a cultura o processo é matinal. E que este movimento histórico-cultural, do qual Caymmi é fruto pronto para se colher, ganhou sua configuração plena nas primeiras décadas do século XX, antes que a região girasse na roda-viva do capitalismo industrial. Neste quadro de estagnação econômica e de relativo isolamento, esta cultura, com seu remoto substrato tupinambá, surge como desdobramento original da aventura ultramarina de portugueses e africanos ocidentais. Uma cultura fundamentalmente luso-banto-jeje-nagô, que, para sua articulação mais densa, contou com a relativa estabilidade da composição etnodemográfica da região. Trato mais demoradamente do assunto no ensaio "Uma Teoria da Cultura Baiana", que o eventual leitor encontrará como apêndice deste livro. Mas vou adiantar aqui uma passagem sintética daquele trabalho, a fim de que possamos prosseguir limpamente nossa conversa.

No momento mesmo em que a Cidade da Bahia vai sendo projetada para fora do centro da cena brasileira, recebe em ondas sucessivas os iorubanos. Ocorre então o encontro entre eles e os representantes da herança ao mesmo tempo plástica e hostil da cultura portuguesa, aqui já profundamente modificada pelo novo ambiente e pelas influências banto e ameríndia. Este encontro luso-banto-sudanês, apesar de suas assimetrias, vai ter sua preponderância na constituição de um *corpus* de cultura. Por fim, esta emaranhada tessitura cultural, feita a cada ponto de encontros e confrontos, vai se configurando meandricamente enquanto a Bahia, incapaz de se engajar no movimento de atualização histórica do Brasil, se converte em remansoso reduto da economia urbana pré-industrial, condição em que permaneceria até a metade do século XX.

Pois bem. Caymmi recriou esteticamente a Cidade da Bahia tal como a conheceu entre as décadas de 20 e 40 do século que está passando: uma cidade tradicional, semiparalisada, culturalmente homogênea, curtindo seus dias de vagarosa estância da vida urbana pré-industrial. E ele nem se contenta com o fato de Salvador ser uma cidade portuária *antique*, ancorada ao largo das práticas reformistas brasileiras da época. Não contente com isso, é seletivo. Drasticamente seletivo. Sua leitura estética do espaço urbano é esquiva às novidades urbanísticas pós-coloniais. Para ele, Salvador é a cidade do samba-de-roda, das velhas igrejas, do pé de guiné no caco de barro, da batida do agogô no afoxé. Não é nunca a cidade do cálculo de engenharia, do incipiente planejamento urbano, da agência bancária, do sonho industrialista têxtil. Não: é a Bahia das sedas e das rendas; das feiras e dos casarios; das mulatas, gamelas e malaguetas.

Um burgo colonial, em suma. Caymmi não fala sequer no Elevador Lacerda, o "dente de ouro" da Bahia de Todos os Santos, personagem incontornável dos cartões-postais de Salvador. Mesmo quando vai da Bahia ao Recife, Caymmi continua seletivo. Em *Dora*, afora a cafuza esplendorosa, seu olhar retém apenas a arquitetura dos bairros e das fontes "coloniais". Aliás, a única vez em que ele emprega o vocábulo "cidade", em toda a sua obra, é no samba *Melodia do Meu Bairro* (do qual só conheço a letra), mesmo assim para se declarar gratificado por morar "longe do bulício da cidade". A modernidade urbana só vai aparecer nos sambas intimistas compostos no Rio de Janeiro, ainda aqui quase sempre na música, já que as letras vêm geralmente assinadas por parceiros. Mas o samba-canção pertence a uma outra dimensão: a da influência da cultura musical carioca na arte de Caymmi.

É interessante o contexto ideológico no qual Caymmi exerce esta sua seletividade. Caymmi nasceu quando as camadas privilegiadas da população baiana, possuídas pela doença infantil do progressismo, macaqueavam o reformismo urbano do Rio de Janeiro. A imprensa e a elite político-administrativa baianas defendiam, como disse Fernando da Rocha Peres, que "o antigo burgo deveria ser convenientemente preparado para entrar, já com certo atraso, na mecânica do século". O "convenientemente", na frase, é gentileza de Peres. A "ideologia do progresso", na Bahia como em outros lugares, despachava cartuchos predatórios. Tratava-se de destruir "a feia e suja e colonial cidade de Thomé de Souza", no dizer de um jornal baiano da época, para em seu lugar construir uma "Nova Bahia". Os signos da cidade centenária eram encarados como afronta ao "espírito moderno", vistosa fachada ideológica sob a qual crescia o olho gordo da especulação imobiliária. Adolescente ainda, Caymmi viu a velha Sé da Bahia, tratada como trambolho pela imprensa de Salvador, ser demolida a picaretas. "Dos púlpitos dessa igreja o padre Antônio Vieira pronunciara com sua voz de fogo os sermões mais célebres da sua carreira", escreveu Jorge Amado, protestando. Conta-se que o então cardeal embolsou gorjeta grande para deixar que uma empresa de transportes urbanos demolisse o templo. A irritação anticlerical de Jorge Amado foi ao ponto dele responder com um elogio aos "índios patriotas" que haviam feito uma "experiência culinária" com o bispo Sardinha, acrescentando que, àquela altura, baiano não gostava de bispo nem como alimento.

Mas vejam que, em seu esforço de preservação estética da Bahia antiga, Caymmi jamais levantou a voz contra o "progresso". Nunca foi do seu estilo quixotear, enristar arma, bater na mesa ou esmurrar ponta de faca. Sua estratégia é a do terreiro, não a do quilombo. Assim, enquanto a imprensa e o governo usavam a expressão "colonial" como atributo do monstruoso, Caymmi cantava:

Nas sacadas dos sobrados
da velha São Salvador
há lembranças de donzelas
do tempo do imperador

Tudo, tudo na Bahia
faz a gente querer bem
a Bahia tem um jeito
que nenhuma terra tem

Caymmi só tinha olhos para os sítios históricos e as figurações seculares. Pressentindo o naufrágio, ali mesmo na iminência da destruição planejada da cidade histórica, Caymmi foi tratando de salvar as jóias da vida ameaçada. Como se, fixando esteticamente um *Bahian way of life*, pudesse resguardar um paradigma inspirador ou orientador, coisa em que de fato sua obra se transformaria, décadas mais tarde, com o afloramento dos movimentos baianos de preservação urbanístico-arquitetônica e de cuidados ecológicos.

E isso de uma perspectiva popular. Há poetas que ostentam, em seus textos, signos pertencentes aos mais diversos segmentos da hierarquia social. Gregório de Mattos, por exemplo. Outros, ao contrário, restringem sua ação ao âmbito de um determinado meio, seja cultivando a lírica palaciana ou a épica senhorial. Caymmi, no pólo oposto ao aristocratismo, move-se em meio às classes populares. Nos termos da pertinência sociológica, ele estetiza o universo baiano dos pequenos funcionários, dos trabalhadores do mar, da mosqueada legião dos agentes sociais formadores do chamado "setor informal" do mercado de trabalho. São populares as suas personagens; populares são os eventos sociais que ele tematiza; populares, ainda, os elementos culturais que povoam os seus sambas e as suas canções. Mesmo o seu texto é vazado em *sermo vulgaris*, quase como se a língua estivesse agindo por conta própria.

Caymmi praieiro. Vale, aqui, uma pequena digressão. Embora semelhantes, não são idênticas as vidas nas cidades litorâneas dos trópicos brasileiros. E estas vidas, em sua variedade, se projetam em graus igualmente variáveis na criação estética de cada região. Há, por assim dizer, uma dialética entre o fisiográfico e o cultural. É preciso pensar na organização espacial e, sobretudo, na vivência do espaço urbano e do meio ambiente pelas diversas camadas da população, sem perder de vista que esse conjunto de disposições é historicamente variável. É em função de todos esses fatores que alguém poderá tentar explicar, por exemplo, o aparecimento tardio do mar na poesia da música popular carioca. Jorge Caldeira percebeu que havia essas determinações em jogo, mas não chegou a explicitá-las, numa definição sucinta da posição de Noel Rosa: "de costas para o mar".

Discuti algumas vezes o tema. A verdade é que há pelo menos quatro grandes diferenças entre Noel e Caymmi. Em primeiro lugar, Noel poetiza um cotidiano urbano moderno, como em *Três Apitos* e *Não Tem Tradução*. Em segundo, a relação de Noel com os pretos e as culturas pretas vem repassada de racismo. Enquanto Caymmi celebra Iemanjá e recorre ao pai-de-santo, Noel compõe *Feitiço da Vila*, onde debocha do despacho e se orgulha pelo fato de seu bairro ter sido premiado com o nome da princesa Isabel. Em terceiro lugar, enquanto Caymmi é um poeta solar, Noel é um poeta noturno. Caymmi, para lembrar umas palavras de Euclides da Cunha, escreve "sob a linha fulgurante do trópico". O sol luz e ele reluz. Mas Noel acha que "o sol lá da Vila é triste". E faz a confissão: "sou do sereno / poeta muito soturno / vou virar guarda-noturno / e você sabe por quê". Por fim – e é o que aqui mais interessa – Noel parece nunca ter visto uma garota de Ipanema. Que eu me lembre sua única referência ao mar está no samba *X do Problema*, justamente descartando a possibilidade de viver na beira da praia. Caymmi, ao contrário, é um poeta com vista para o mar.

Não há nada na Bahia que se possa comparar com a divisão de modos de vida existente entre as zonas sul e norte do Rio de Janeiro, ou com a projeção distinta do morro na paisagem geocultural carioca. E o samba carioca é coisa do morro, do subúrbio, da Lapa. Nem é por outro motivo que é possível falar do significado social, na vida carioca, da abertura do Túnel Rebouças. Mas o fato é novo, década de 60. De outra parte, não é verdade que os cariocas tenham sido desde sempre praieiros. O praieirismo do Rio de Janeiro, assim como a eleição de Copacabana para "princesinha do mar", são coisas bem mais recentes do que se costuma imaginar. Embora o morador da zona sul do Rio tenda a contar sua história a partir do seu bairro e por um prisma nostálgico, o fato é que, no começo da década de 50, Copacabana era ainda um bairro relativamente tranqüilo, com muitas casas e terrenos baldios. Foi por essa época que se forjou o mito de uma vida paradisíaco-cosmopolita à beira-mar. E a expansão em direção a Ipanema e Leblon é ainda mais recente. Enfim, o praieirismo não era um componente de peso na vida social carioca até à metade deste século, ao menos.

É certo que, aqui e ali, a música popular carioca exibe respingos de mar. Mas, antes que elemento central, o mar é personagem secundaríssima. E nunca parece haver um nexo vivencial profundo entre poeta e praia. É o caso de composições como *Moreninha da Praia* (João de Barro), *A Casta Suzana* (Ary Barroso-Vermelho) e *Sereia de Copacabana* (Nássara-Wilson Batista), sucesso carnavalesco dos anos 50. Nos três casos, o mar não é tema, mas referência muito lateral. O mar só vai ingressando na música carioca, progressivamente, a partir da Bossa Nova. Aí surgem os compositores de uma zona sul empolgada pela expansão urbana, todos eles freqüentadores da orla marítima. O barquinho bossa-novista, dádiva tardia deslizando no macio azul do mar, está vinculado ao lazer de segmentos economicamente privilegiados da população do Rio de Janeiro. Mais parece figura de cartão-postal, sem a concretude da jangada de Caymmi (fato estranho, aliás, que as jangadas tenham desaparecido tão cedo do litoral do Rio). O cronista Efegê observou que o barco, na poesia da música popular carioca, é sempre "um barquinho gracioso, infantil às vezes, mas sempre no diminutivo, terno e de comunicante poesia". Em Caymmi, ao contrário, o barco é meio de transporte e instrumento de trabalho, salvo em dia de festa religiosa com procissão marítima ("cem barquinhos brancos / nas ondas do mar / uma galeota / a Jesus levar", como se ouve em *Festa de Rua*). E o mínimo que podemos dizer é que a morte do pescador em seu ofício, tema recorrente na poesia praieira de Caymmi, não cabe de modo algum no imaginário lúdico da zona sul carioca. Aliás, o surfista está para o atual mar carioca como o pescador esteve para o mar caymmiano. Inclusive quando o compositor é baiano, caso de Caetano Veloso em *Menino do Rio*.

Bem diverso é o caso da Cidade da Bahia. Como gostava de dizer Gilberto Freyre, Salvador é uma cidade talássica. Uma cidade que desenvolveu intensamente, em todos os sentidos e nos seus diversos estratos sociais, o gosto e o hábito das coisas do mar. A Bahia antiga exibe construções batidas pela maresia. Casas recobertas pela cal dos mariscos, com óleo de baleia na argamassa e nas quais há tempos luziram candeias de azeite de peixe. Mar que vem até a mesa baiana, com seus peixes e frutos, e vai às mais variadas manifestações do texto criativo na Bahia. Está presente nos cânticos de Janaína no candomblé de caboclo; nas fórmulas da medicina popular mágica; nos cantos do "encantado" Martim Pescador; na literatura de Xavier Marques; nas celebrações de Iemanjá; na poesia das rodas de capoeira; no canto da missa de São Pedro (um pescador) em Itapuã ("eu vou ver minha jangada / o meu barquinho sem par / que vem velejando / lá pelas ondas do mar"); nos cantos de trabalho da pesca do xaréu em redes de caroá.

E aqui vamos fazer uma demarcação. Apesar de *Festa de Rua*, tematizando os festejos de Nossa Senhora da Conceição da Praia e a procissão marítima do Bom Jesus dos Navegantes, ou de *Eu Não Tenho Onde Morar*, delicioso retrato da farolagem e do chichisbeísmo no cais da velha Bahia, a poesia praieira de Caymmi não se concentra em Salvador. Ela é "itapuãzeira", como dizem os próprios moradores de Itapuã. Verdade que, antes e depois de Caymmi, Itapuã fez as suas aparições na poesia brasileira. Desde Gregório de Mattos, que se refere à praia num trocadilho da sua divertida "Regra de bem viver, que a persuasões de alguns amigos deo a huns noyvos, que se casavam". Séculos mais tarde, a praia surgirá em meio aos *Versos Baianos* do "Lóide Brasileiro" de Oswald de Andrade. No terreno estrito da música popular, Itapuã deu o ar de sua graça em composições tão diversas quanto *Domingou* (Gilberto Gil-Torquato Neto) e *Passar uma Tarde em Itapuã* (Toquinho-Vinícius de Morais). Mas foi com Caymmi, em canções de sabor saborosíssimo, que Itapuã se tornou tema central, obsessão poética, magia verbal. E um dos lugares mais (bem) cantados de toda a história da música popular no Brasil.

A marina caymmiana emana assim de Itapuã, trecho de "freguesia" que já vem despontando lá pelo século XVI, singularizado então pela pedra-da-ponta e pelos lençóis de areia. "Esta ponta é a que na carta de marear se chama os Lençóis de Areia, por onde se conhece a entrada da Bahia", registrava Gabriel Soares de Souza no roteiro geral da costa brasílica estampado no seu *Tratado Descritivo do Brasil em 1587*. O local – cerca de trinta quilômetros de onde se ergueria o centro da velha Cidade da Bahia – era habitado, antes da chegada dos colonizadores portugueses, pelos índios tupinambás mariscadores e pescadores. Itapuã é topônimo tupi, contração de *itá* e *apuã*, significando ponta (ou cabo) de pedra. Com a chegada dos portugueses, vieram a fazenda, o gado, a ermida, os negros escravos. Foi com as revoltas negras das primeiras décadas do século XIX que a povoação deixou seu registro na história das lutas contra o escravismo colonial brasileiro. Houve mesmo uma Revolta de Itapuã, em fevereiro de 1814, quando os escravos da Armação (construção ligada à pesca da baleia) se sublevaram, incendiando o que encontraram pela frente.

No tempo celebrado por Caymmi, Itapuã era ainda um arraial de pescadores, com a Igreja de Nossa Senhora da Conceição da Praia de Itapuã cercada de casebres de cobertura de palha, cuja armação de pau (*net-like walls*) se preenchia a arremessos de barro. Eram verdadeiras casas vegetais se espalhando entre o mar azul e as dunas da lagoa do Abaité. E esta Itapuã, com seus bailes pastoris e suas "ganhadeiras", seus ternos e seus batuques, parecia parada no tempo, levando vida de algum sabor tribal. Salvador, naquela época, terminava em Amaralina. A comunicação terrestre com Itapuã só era possível na maré vazante, já que a maré-cheia, represando o rio Jaguaripe, bloqueava a passagem. Havia que ir de jangada. Caymmi se refere ao fenômeno em *Juliana* ("quando a maré vazá / vou vê Juliana / vou vê Juliana – ê / vou vê Julianá"). E a verdade é que nem mesmo sei como Caymmi ia até lá. De jegue, saveiro ou mula – provavelmente. A menos que se aventurasse na folclórica "loba", apelido de um veículo particular que fazia às vezes de ônibus, em excursões mirabolantes entre Salvador e Itapuã. O certo é que Caymmi ia. E – em indo – sublimou Itapuã numa espécie de paraíso terrestre pré-industrial.

Finalizando este fragmento, vou narrar um caso pessoal. Ao tempo em que estava escrevendo este pequeno estudo sobre Caymmi, parei certo dia à porta de uma igreja protestante, à espera de um táxi que me levasse para casa: o tempo suficiente para que um crente enfiasse um panfleto em minha mão. Bati o olho e era um hino protestante: "Guia Cristo minha nau / sobre o revoltoso mar / tão enfurecido e mau". Como aí surgia a imagem do mar, me lembrei automaticamente de Caymmi: "o mar, quando quebra na praia, é bonito". E fiquei pensando na distância insuperável entre o mar de Caymmi e o mar puritano. Foi o que me ocupou no trajeto do táxi. Caymmi não está em guerra com o que os protestantes chamam "o mundo". O sagrado, para os puritanos, é a negação radical do mundano. Assepsia hospitalar. Caymmi, ao contrário, é "do mundo". O misticismo baiano não tira do chão os pés de ninguém. E religião é linguagem. Conversão religiosa = migração semiótica. A culpa é a essência da antropologia puritana. Mas Caymmi nunca traz o lábio contraído. É a diferença entre o pecador e o pescador.

Por isso impressiona, na mitologia puritana do mar, a ausência de entidades propícias à navegação. Em Poe, a natureza é poderosamente hostil. Suas páginas exalam o cheiro da danação. E o sobrenaturalismo de Victor Hugo, nos *Travailleurs de la Mer*, é aterrorizante. Vejam, nesse romance, a descrição do "Rei dos Auxcriniers". Naufraga de imediato quem avista este anão surdo, de cabeça larga na base e estreita em cima, cheio de nodosidades cranianas, barriga pegajenta, barbatana no lugar do pé, garras achatadas, umbigo de escamas, cara verde. Este "rei", que muda de cor conforme a fulguração do relâmpago, só se deixa ver em mar tumultuoso. "É o dançarino lúgubre da tempestade", bailando sobre as ondas seu semblante "feio e demente". Mas o curioso é que há, entre a Guernesey de Hugo e a Itapuã de Caymmi, uma convergência toponímica que radicaliza a divergência antropológica. Existia em Guernesey uma "pedra que canta", colocada na velha Normandia por um bando de fantasmas. "Esta pedra inspira desconfiança", comenta Hugo. Quem dela se aproximava ouvia o canto de um galo invisível. Já na Itapuã de Caymmi vamos encontrar uma "pedra que ronca". Mas o que se vê sobre o arrecife, antes que fantasmas ou a esquisitice de um galo invisível, é a sereia morena, freqüentadora das praias baianas. "A pedra é morada da moça do mar." E esta oposição entre o galo e a sereia, o invisível e o moreno, o medo e a beleza alegre, o pânico e o deleite, a fuga e a intimidade, o pecado e o que se quer pescar, esta oposição vale, em si mesma, por um tratado. Caymmi fala da dor e da morte, sim. Mas ele não é de modo algum o poeta do terror náutico. Ou do "seio mal", como me disse o psicanalista Luís Tenório, com quem comentei o assunto. Não: Caymmi é quando a eternidade se enamora das obras do tempo.

No tempo em que Caymmi a cantou, Itapuã era uma comunidade cujos referenciais de vida possuíam uma nitidez quase absoluta. Apesar de contígua a Salvador, o que ali se encontrava, bem definida, era uma *communitas*, contando com a adesão íntegra e instantânea dos seus membros. Tudo ali se passava como se, por uma inversão, a norma social, em vez de definir, emanasse naturalmente do caráter dos indivíduos.

Ouçam *História de Pescadores*, a suíte caymmiana. Trata-se, para usar a imagem consagrada pela antropologia, de uma vida "cíclica". Não no sentido da repetição abstrata, metronômica, mas no sentido do retorno fundamental dos eventos. Mais assemelhada à pulsação mesma do mundo do que ao relógio obsessivo. Esta vida é tão marcada pela regularidade e pela similaridade que parece não haver aí lugar para o imprevisto. Mesmo a morte não é capaz de sugerir uma ruptura violenta na circularidade da existência comunitária. Fazendo coincidir o começo e o fim de *História de Pescadores*, Caymmi realizou uma apreensão sintética do modo de vida itapuãzeiro. A ênfase recai sobre o retorno e não sobre a irreversibilidade dos fenômenos da existência e da natureza. Como se o social espelhasse o movimento das marés. É mística, sem dúvida, e de um misticismo "natural", esta identificação entre o princípio e o fim, como se fosse possível fundir nascimento e morte. É também coisa muito diferente de nossa visão sofisticada. Vem daí, aliás, que uma figura estilística em destaque, na poesia das canções praieiras de Caymmi, seja a reiteração. Reiteração fonética, rímica, vocabular, frásica, estrófica. Reiteração intertextual até, com rimas, imagens, palavras e mesmo nomes próprios passando de uma a outra letra de canção. Não poderia haver melhor estratégia verbal para captar o circuito reversível daquela vida comunitária. Tal disposição "arcaica" pode ser rastreada ainda em outros aspectos da marina caymmiana. A tecnologia pesqueira que aí aparece, por exemplo, é rudimentar. Pré-industrial. Lembrando uma expressão do já citado Victor Hugo, podemos dizer que Caymmi desconhece os "mares da civilização". Estreando mais de um século depois da introdução do "barco de vapor" na Bahia – o folclórico *Vapor de Cachoeira*, que rendeu cantigas populares pelo Recôncavo baiano –, Caymmi compôs uma poesia praieira onde não há o mais leve indício daquelas "máquinas fumegantes" que desconcertaram os calvinistas insulares de Hugo. Tudo se passa como se o compositor baiano fosse historicamente anterior à história. Como se ele fosse anterior a Melville, o romancista do impacto da Revolução Industrial no mar. Mas não é isso. Na realidade concreta do mundo, coexistem tempos diversos. Eqüidistante dos bandos de baleias dos tempos coloniais e dos cardumes de vapores da modernidade, o nosso Caymmi pôde estetizar ainda o solidarismo primitivo dos pescadores, coisa desconhecida de um convés no qual capital e trabalho já se encontrem radicalmente divorciados.

Assim é que vemos/ouvimos os seus itapuãzeiros armados de rede, produto característico da tecelagem neolítica (a rede de *nylon* é de 1956), que nossos tupinambás fabricavam com a fibra do tucum, quando se dedicavam à pesca do xaréu. E é nessa mesma paisagem pré-industrial que trafegam os tipos navais estetizados por Caymmi. Dificilmente houve embarcação mais antiga do que a jangada. É tronco flutuando, afinal. "Antes dela o homem teria apenas o pavor olhando água corrente ou pancada do mar na praia neolítica", supõe Câmara Cascudo. Sua presença é antiqüíssima entre nós, na "igapeba" ou "piperi" dos indígenas. Igualmente antiga é a canoa, embarcação escavada num tronco só, que os tupinambás utilizavam em pescarias e expedições guerreiras. (Mesmo quando vem ao mais recente, a marina caymmiana permanece pré-industrial. É o saveiro, a galeota, o barco-do-recôncavo. Até um navio, como o "ita", tipo naval estranho à vida itapuãzeira, é pincelado em cores nostálgicas de barco "retirante".) É notável, por sinal, a presença lingüística ameríndia em nosso léxico pesqueiro. Em Itapuã, o repertório verbal dos pescadores é composto ainda hoje por um elenco razoável de palavras tupis, designativas, entre outras coisas, de acidentes geográficos, apetrechos de pesca, peixes e mariscos. E aqueles pescadores, entre mulatos e cafuzos, descendem de alguma forma, não importa exatamente em que grau, dos tupinambás. Ainda hoje há caburés em Itapuã. E é o que nos diz Caymmi, textualmente, ao cantar a malha miúda de um "jereré" ou o peixe chamado "curimã".

A marina caymmiana vem marcada ainda pela circunstância ecológica. Caymmi é um *water gazer* tropical. Um mulato ensolarado, em vista de coqueiros e gaivotas, poetizando quase sempre do ponto de vista da praia, quase nunca do ponto de vista da proa. Eis aqui a orla marítima e as águas que a visitam, não o alto e vasto mar, com "seu triunfo de quinhentos potros de ametista", para lembrar o verso barroquista de Haroldo de Campo. E o fato é que o imaginário praieiro é, em princípio, distinto do imaginário oceânico. Não gostaria de ficar aqui montando exposições comparativas que carregassem o texto. Mas já que falei em Hugo, Poe e Melville – escritores que lidaram com o mar –, façamos uma ligeira excursão literária. Uma viagem com Poe (*Gordon Pym*) e Melville (*Moby Dick*). O próprio Caymmi, de resto, foi sempre leitor incansável de tudo o que dissesse respeito ao mar e aos marítimos.

Pois bem: não estaremos errados em dizer que existe uma estilística do alto-mar. Poe e Melville partem do mesmo porto de Nantucket, com o mesmo objetivo de caçar baleias. Poe vai até Kerguelen, a ilha desolada do Índico. Seu texto é revolto e grandioso. E o fato de Melville se aventurar *off-shore* faz com que o porto possa aparecer como o inimigo da quilha desgarrada. Nas palavras de Ismael, o vasto mar é metáfora do pensamento profundo e angustiado, verde império da alma livre e em luta contra as forças que conspiram para atirá-la à praia traiçoeira e escravizadora. Esta poesia, gerada naquelas "for ever exiled waters" do capitão Ahab, é impensável no horizonte praieiro de Caymmi, essencialmente sedentário e cotidiano. Aqui, antes que o giro grandioso da hipérbole, cabem os sufixos diminutivos de afeição: não as ondas explodindo no casco do brigue, mas os peixinhos e as conchinhas colhidos na maré pequena. É por isso que em Melville o mar estronda – e, em Caymmi, se espraia. Melville é um épico oceânico. Caymmi é um lírico do mar.

Compare-se ainda a moldura solar em que se movem os pescadores caymmianos com os marujos de Melville, ursos envelopados que trazem a barba pontilhada de agulhas de gelo. Compare-se, mais ainda, as espáduas nuas dos canoeiros de

Caymmi com aquela cena dos *Travailleurs de la Mer*, em que a graciosa Déruchette escreve o nome do pescador Gilliat em raro lençol de neve natalina. Caymmi é um poeta solar. Ele jamais admitiria que pudesse haver algo de sinistro no fulgor do sol. Nunca. Solar é *2 de Fevereiro*. Solar é *Pescaria*. Solar é *Festa de Rua*. Mesmo quando não se refere diretamente ao sol, Caymmi é solar. Claridade semântica e fonética. Em seus textos, vogais claras vão compondo palavras foneticamente ensolaradas. *Maracangalha* é o texto solar por excelência, com sua altíssima incidência de vogais claras, cheias de sol.

Ao contrário, Caymmi olha a noite com reservas. Não é apenas o medo humano da escuridão, que associamos ao perigo. É também que o mar, à noite, amedronta. Nada pode ser mais diferente do mar que se alegra sob o sol do que o mar que se embuça trevoso. E não há maior pavor, para uma comunidade pesqueira, do que a notícia de que alguns dos seus homens foram surpreendidos, fora da linha de arrebentação, pela armação noturna de um temporal. O tema é freqüente em Caymmi, como em *Temporal*, segmento de *História de Pescadores*, e *Noite de Temporal*. Quando há lua, ao contrário, é maravilhoso. Lua cheia, clara, que atrai a sereia e serena o sonho de João Valentão. Este anseio pela noite enluarada que se estende vitoriosa sobre o medo, rebrilhando nas dunas e no coqueiral, fez Caymmi achar versos dos mais lindos.

Por fim, a marina caymmiana é mestiça. Nela podemos detectar um distante e vago resíduo ameríndio, a presença difusa dos bantos, a predominância de elementos portugueses e iorubanos. Tudo transfigurado, naturalmente. E esta mestiçagem se expressa desde já no trato caymmiano com a mitologia baiana, como se ouve numa composição como *A Lenda do Abaité*. Todos sabem que esta lagoa se tornou famosa não apenas por sua beleza, mas também pelos inúmeros afogamentos nela ocorridos. Caymmi soube reter e assentar, em sua poesia, esta mescla de encanto e perigo. Ele mesmo escreveu, em nota ao seu livro *Cancioneiro da Bahia*, sobre o mistério de tais águas, lá onde os espíritos dos pescadores batem os tambores em honra da mãe-d'água: "Os homens ali afogados são aqueles por quem Iemanjá se apaixonou. Foram lá tomar banho, a sereia os viu e levou-os pro fundo da lagoa escura". O mito, como se vê, é inteiramente mestiço.

Edelweiss levantou a hipótese de sua origem tupinambá; índios que acreditavam na existência de monstros aquáticos (machos e fêmeas), os ipupiaras, habitantes do fundo das águas. Partindo do significado do topônimo -- Abaité quer dizer funesto, medonho --, o erudito suspeitou que a lagoa deveu abrigar ipupiaras nas suas águas negras. A hipótese é razoável. Cardim, em narrativa do século XVI, registra a presença numerosa de ipupiaras na região, contando inclusive um ataque ipupiara no rio Jaguaripe (curiosamente, em sua única referência explícita ao Jaguaripe, Caymmi descreve um acidente em estilo ipupiara, no sumiço dos pescadores Chico Ferreira e Bento, em *A Jangada Voltou Só*). Abaité pode ter sido então, no princípio, lagoa funesta de algum ipupiara, ser poderoso e enigmático que, levando suas vítimas para o fundo das águas, comia-lhes somente os olhos, narizes, dedos e as genitálias. A hipótese se torna mais séria se lembrarmos que a toponímia tupi primava pelo pragmatismo. Assinalava com precisão, como roteiro tático de sobrevivência tribal, a característica mais saliente de cada lugar – e era preciso prevenir para que nenhum índio se afogasse ali.

A lagoa ainda hoje atemoriza, mas os ipupiaras de Itapuã foram esquecidos. Ou antes, sobrevivem irreconhecivelmente num misto de Iemanjá, a filha de Olokum e deusa dos egbás, e de sereia branca da Europa, dedicada ao canto e ao sexo. Houve uma identificação entre a orixá nigeriana e a sereia, esta por sua vez já confundida com a mãe-d'água, que ao que parece era originalmente uma cobra. O mito é, portanto, de extração euro-afro-ameríndia. E esta bricolagem mitológica vai se refletir na criação estética baiana. Basta lembrar a representação africana de Iemanjá. É uma senhora negra de seios volumosos – e não é peixe da cintura para baixo. Já no *Mar Morto* de Jorge Amado, vamos encontrá-la moça, loura, *sexy*, de olhos azuis, andando "nua debaixo das ondas, vestida somente com os cabelos" (advirto que não é invencionice de Jorge: trata-se de uma representação popular de Iemanjá, cujo padrão visual reflete um anseio de promoção social das classes populares). Jorge registra textualmente as superposições míticas: "Ela é a sereia, é a mãe-d'água, a dona do Mar, Iemanjá, Dona Janaína, Dona Maria, Inaê, Princesa de Aiocá". Suas descrições estão às vezes mais próximas dos quadros convencionais que o romantismo literário do século passado traçou da "Iara" (como no *Tronco do Ipê*, de Alencar) do que das narrativas africanas que chegaram até nós. O poeta Sosígenes Costa chegou a chamar Iemanjá a "sereia dos serafins", o que é boa aliteração, mas péssima etnografia. A poesia de Caymmi é igualmente marcada por essa mestiçagem dos mitos. A "irresistível deusa negra" pode aparecer aí de cabelo verde – "metade de gente / metade de peixe". E não é por outro caminho que Caymmi vai acabar montando uma rima trilíngüe em *A Lenda do Abaité*: Abaité (tupi) – batucajé (africanismo) – quiser (português).

O mar de Caymmi já não é mais o mar português, cristão. Também não é mar nigeriano. Na verdade, os iorubanos nunca foram um povo litorâneo. O vazio demográfico da costa da Iorubalândia era espantoso. Embora esses povos fossem versados nos métodos de pesca por envenenamento de peixes, a atividade pesqueira nunca chegou a ser importante para a sobrevivência coletiva. Quando havia pesca, era fluvial. Ainda no século passado, centros como Oió, Ifé e Ilexá importavam peixe defumado. As coisas mudaram quando esse povo até então principalmente agrícola foi obrigado a atravessar o Atlântico e a se instalar no litoral brasileiro. A passagem provocou grandes esforços de adaptação cultural à nova realidade. E os iorubanos souberam se movimentar. Mas, seja como tenha sido, o mar caymmiano me parece mais "africano" do que qualquer outra coisa. *Promessa de Pescador* é um bom exemplo:

ê ê ê ê
a alodê Iemanjá oê iá
Iemanjá oê iá

Senhora que é das águas
tome conta do meu filho
que eu também já fui do mar
Hoje tô véio acabado
nem no remo sei pegar
Tome conta do meu filho
que eu também já fui do mar

> Quando chegar seu dia
> pescador véio promete
> pescador vai lhe levar
> um presente bem bonito
> para Dona Iemanjá
> Filho dele é quem carrega
> desde terra até o mar

O refrão já vem em ioruba – ou numa espécie de "iorubaiano", se preferirem. E as duas estrofes veiculam, num português rústico, um discurso original. É o velho pescador que se dirige a Iemanjá. Pede proteção ao filho, em troca de oferendas. Por onde quer que seja encarado, o texto preserva sempre algo de estranho à cultura ibérica. "Senhora que é das águas, tome conta do meu filho."Antes que de uma súplica portuguesa apenas, o pedido descende ainda de uma conhecida saudação africana: "Rainha das águas, que vem da casa de Olokum". A promessa do pescador também não é lusitana. O "dia" é o 2 de fevereiro, quando os baianos vão em massa fazer pedidos e presentear a deusa do mar, senhora que tem o seu axé assentado sobre conchas e pedras marinhas. Em poucas palavras, *Promessa de Pescador* é um texto mestiço típico do trópico brasileiro. Em sua montagem bilíngüe, em sua dimensão semântica, em seu desvio sintático, em sua corrupção fonética.

Aí está. Espero que esse mapeamento geral tenha esclarecido algumas coisas. A marina caymmiana é a recriação estética de uma circunstância de vida especial, definida na articulação inédita de toda uma rede de fatores históricos, sociais, culturais e ecológicos. Feliz recriação de uma vida comunitária praieira, sincrética e tropical.

Caymmi é um poeta de cama, mesa e mar. Cantor dos prazeres da comida, do corpo feminino e da natureza litorânea. Enfim, um poeta culinário, erótico e ecológico. Falamos, nas páginas precedentes, de sua relação com o espaçoso mar. Pensemos agora um pouco nas mulheres de Caymmi. Desconheço quais foram os seus modelos reais (dizem as boas línguas que Dora era uma prostituta de Feira de Santana, cidade do interior da Bahia), mas isso é o de menos. E sei das restrições que são feitas a esse tipo de abordagem: essas mulheres não passam de "ficções ontológicas" e o seu exame só pode ser fruto de um ontologismo ingênuo. Não se pode confundir *Homo sapiens* e *Homo fictus*. Concordo, mas discordo: as relações entre as ficções ontológicas e o real histórico não podem ser abolidas. Seria mais ingênuo do que o mais ingênuo dos ontologismos. Logo...

Três coisas me impressionam inicialmente nos cantos feminis de Caymmi. Em primeiro lugar, a sensualidade está sempre no ar – e quase sempre ao ar livre. Aqui é a mulher que passa requebrando; ali é a morena que ilumina a roda de samba; adiante vai a estupenda Dora desfilando pelas ruas da cidade. Caymmi é bem o contrário de Roberto Carlos, nesse aspecto. Roberto, depois da "jovem guarda", passou a cultivar um sexismo de interiores, romanceando o gozo semiclandestino nos motéis das metrópoles. Em segundo lugar, Caymmi contraria uma arraigada tradição do samba: não rima amor e dor. Não tematiza a frustração amorosa. Pelo contrário, até negaceia inconvincentemente diante dos acenos femininos, como em *Acontece Que Sou Baiano*. Uma chinfra, no final das contas. Suas mulheres não são cruéis, nem diabólicas. Inútil procurar aqui o discurso do apaixonado infeliz dos sambas de Ataulfo Alves, Mário Lago, Lupicínio Rodrigues. Caymmi não é um sofredor. Nem buscou, à maneira do Ismael Silva de *Uma Jura Que Eu Fiz*, o sossego da solidão. E, em terceiro lugar, Caymmi não é opinioso. Retrata a mulher em seu "estar fenomenológico". Não parece ter a menor intenção de penetrar [sic] intelectualmente nos sonhos femininos, esquadrinhar os desejos das mulheres ou definir a sua essência. É o contrário de Noel Rosa, Chico Buarque, Caetano Veloso. Sua poesia é completamente alheia a um diálogo como o que Caetano estabeleceu recentemente, ao responder, em *O Dom de Iludir*, ao velho samba de Noel, *Pra Que Mentir*. Caymmi se comporta como se este espaço ideológico, tão caro a Chico e Caetano, inexistisse. Acho mesmo que, se inquirido sobre o assunto, acabaria se revelando um adepto amável da fantasia masculina do "eterno feminino". Como nesta belíssima declaração: "O que eu mais queria era entender o mistério da mulher, de onde vem essa luz, essa determinação que brilha nos olhos das mulheres, como a luzinha do *radium* que Madame Curie buscava sem cessar no meio de uma montanha de minerais".

Quem são as mulheres de Itapuã? Em *O Bem do Mar*, Caymmi informa que todo pescador tem dois amores: um bem na terra, um bem no mar. O "bem da terra" é o que fica na beira da praia quando o pescador sai em busca do pesqueiro. "O bem da terra é aquele que chora / mas faz que não chora / quando a gente sai." A rotina dessa vida, esquematicamente, é a seguinte. O pescador vai para a pesca ("minha jangada vai sair pro mar / vou trabalhar, meu bem-querer"); a mulher permanece em terra, aviando orações ("vou rezar pra ter bom tempo, meu nego / pra não ter tempo ruim"), entregue aos seus afazeres ou sem-que-fazeres. No mar, a pesca: "cerca o peixe / bate o remo / puxa a corda / colhe a rede" (notem o paralelismo sintático e os espelhamentos fonéticos); em meio às alegrias do bom resultado, a lembrança do bem-de-terra: "vai ter presente pra Chiquinha / e ter presente pra Iaiá". Enfim, o pescador volta vitorioso: "ô, morena do mar, ói eu". Daí tanto ele pode ir com a mulher/esposa para a "caminha macia, perfumada de alecrim", quanto cair na gandaia com "as moças do Jaguaripe".

O principal a ser notado, nessas canções praieiras, é o foco poético. Caymmi tematiza uma comunidade pesqueira. O que importa é a pesca e os pescadores. A população feminina é figurante. Faz parte da paisagem. Não há nada, na criação praieira de Caymmi, que se pareça com composições praianas do tipo de *Januária* ou *Morena dos Olhos d'Água*, ambas de Chico Buarque. No caso dessas músicas de Chico, as mulheres se destacam. Todos os olhares convergem para elas. Nas canções praieiras de Caymmi, ao contrário, elas são secundárias. Formam um bonito cortejo moreno, mas num mundo essencialmente viril, onde a ação corre por conta dos pescadores (em contexto semelhante, a Lívia, de Jorge Amado, em *Mar Morto*, como sua herdeira em *Viva o Povo Brasileiro*, de João Ubaldo Ribeiro, são exceções mitológicas). Os pescadores é que são os sujeitos ativos. A característica mais visível das mulheres praieiras de Caymmi é o conformismo. São mulheres curtidas, caladas, passivas ante o deslizar desafiante das jangadas. Parece mesmo que a principal preocupação dessas mulheres é ficar esperando os homens que foram à pesca. Há fidelidade sociológica aí. O mundo itapuãzeiro é um mundo masculino. Caymmi não inventa heroínas; não vai no sonho neo-romântico de Amado e Ubaldo. Recria mulheres descalças, algumas vezes sensuais, mas, antes que tecer fantasias guerreiras, as confina à perspectiva doméstica. São mulheres que vivem em função dos homens, sejam eles filhos ou maridos. Uma prepara a cama, outra lava a roupa e Rosinha endoidece de dor com a morte de Pedro. As exceções estão nas "moças do Jaguaripe", mais livres, mais desinibidas, participantes dos folguedos noturnos.

É nos sambas, não nas canções praieiras, que a mulher toma conta da inspiração caymmiana. E é uma mulher sensual. A fêmea feliz na roda de samba. A criatura provocante que passa pelas ruas. Mulheres que se impõem pelo desejo que despertam. Mulheres cercadas de admiradores. Caymmi, ele mesmo, um admirador. Daí que fale sempre no coletivo. Em *Vestido de Bolero*, ao descrever um arranjo vestual algo esdrúxulo, ele canta que, apesar do choque das cores, "todo mundo" vai gostar. *Rosa Morena* é um convite para a moça entrar no samba, pois "o pessoal" já está se cansando de esperar. Em *O Dengo*, ouvimos que "todo mundo" fica enfeitiçado com o jeitinho requebrado da nega. E *Balaio Grande*: "lá na feira aparece / muito cesto e samburá / mas balaio assim, ô nega / todos dizem que não há" (em tempo: balaio = bunda). Estas mulheres estão afastadas da figura tradicional da doméstica ou do padrão casamenteiro. Não há lugar para emílias e amélias nos sambas caymmianos. São mulheres que, premiadas pela beleza e pela sensualidade, conhecem o poder que têm. Conhecem e usam: o poder do corpo. E circulam com independência, dispondo à sua volta o grupo de admiradores. Como diria Lupicínio Rodrigues, em outro contexto, elas nasceram com "o destino da lua". (E é bom sublinhar este "outro contexto": Lupicínio se move na zona da prostituição e cercanias. Não é bem o caso de Caymmi. Suas mulheres não só não falam em casamento, como acenam com uma certa facilidade para o amor carnal, mas não são noturnas, freqüentadoras de lupanares e cabarés.) São irrecusáveis – e Caymmi ensaia às vezes uma recusa malandra: "pode esperar sentada, que eu não vou", jura ele, em *Lá Vem a Baiana*. É mentira. Vai, sim.

Reparem ainda que Caymmi trata as mulheres com toda a delicadeza do mundo. Seu samba não é habitado pela figura clássica da "mulher de malandro". Seria impossível imaginar Caymmi escrevendo algo na linha de *Minha Nega na Janela* (Germano Mathias-Firmo Jordão): "Dei um murro nela e joguei ela dentro da pia – quem foi que disse que essa nega não cabia?" De *Está na Hora* (Caninha): "Mulher danada, toma vergonha na cara – se você não toma jeito, dou-te uma surra de vara". De jeito nenhum. Caymmi jamais iria à grosseria de Noel Rosa em *Mulher Indigesta*: "mas que mulher indigesta / você merece um tijolo na testa". Caymmi está mais para o gênero de que em mulher não se bate nem com flor. Suas mulheres podem ser mestiças pobres, mas nunca maltratadas. E Caymmi, como já disse, não fala, em seus sambas e canções, de desencontros, decepções, ressentimentos ou rancores amorosos. Fala em "sofrer de amor" em *Só Louco*, exceção sintomática. Ele é o contrário de Lupicínio Rodrigues, criador de um notável elenco de amantes arrasados e amadas perversas (o que não deixa de ser uma ironia: filho de uma região onde a ideologia da macheza virou ritual, o Rio Grande do Sul, Lupicínio é o poeta da cornitude brasileira). Caymmi nada tem a ver com intensas dramatizações da cena amorosa. Nem sequer fala de amor nos seus sambas: canta mulheres alegres e gostosas, eventualmente com parceiros, mas não se perde em reflexões sobre o drama amoroso. Quando abre a guarda, em *Doralice*, é para dizer que "o amor é tolice, bobagem, ilusão".

Caymmi é um admirador de mulheres, repito. *Homo eroticus*, tipo lúdico e libidinoso, ao mesmo tempo sereno e sangüíneo, Caymmi tem um prazer imenso em olhar o corpo delas. Em contemplar a atividade corporal, o erotismo muscular das fêmeas. É o tipo do sujeito encantado. Pensem em *Dora*, por exemplo. Dora vai passar. Para onde? Para quê? Com quem? Não importa. O que interessa é a sua aparição esplendorosa, uma das musas menos recatadas da história da música popular brasileira, com seu remelexo público anunciado com estardalhaço de clarins. O que interessa é a exuberância erótica. Caymmi subtrai Dora do encadeamento rotineiro das coisas do mundo. A rotina é suspensa em função da contemplação. Dora está no círculo mágico da lírica. É a Rainha Cafuza do Frevo e do Maracatu. Majestade que vem se movendo num rebolado que a andadura da frase caymmiana recria em câmara lenta. De modo menos espetacular, o procedimento é repetido em *A Vizinha do Lado*. A vizinha também passa... Não interessa se ela é datilógrafa, pedicure ou jornalista. Caymmi também a subtrai do circuito reificador das relações sociais. E de novo o que se destaca é o movimento dos quadris, só que desta vez mais mexido que ondulado.

Há uma curiosidade aqui. A música popular brasileira é extraordinariamente rica em cantos que tematizam a mulher. E sempre tendeu mais para o físico do que para o "platônico". Deixando de lado as criações populares anônimas e inúmeras composições carnavalescas, que costumam freqüentar mais decididamente os terrenos da malícia sexual, continuamos bem servidos. Devem ser poucas (se é que existem) as partes do corpo feminino que não tenham merecido referência e reverência dos poetas da música popular. Mesmo a xota foi agraciada de diversas formas. Mas nota-se uma coisa nas composições mais recentes. É o quase desaparecimento de referências ao requebrado. Antes da década de 50, o requebrado aparecia em inúmeros sambas. Podíamos escutar horas e horas de música italiana ou norte-americana, por exemplo, sem ouvir uma única menção ao remelexo. Mas isso era impossível de acontecer se ouvíssemos música brasileira. O requebrado é um tópico de nossa música. Sociologicamente, trata-se da recriação estética de uma das características mais salientes da sexualidade brasileira. Brasileiros costumam superenfatizar seu gosto por bunda – e as moças capricham na provocação. Seja como for, acho que o desaparecimento do requebrado, na poesia da música popular brasileira, se deve a muitas coisas, entre elas à proliferação de gêneros musicais (samba e rebolado são inseparáveis), à própria exaustão do tópico pela sua repetição *ad nauseam* e mesmo em função de mudanças em nossa ideologia da sexualidade.

Não vou desenvolver o tema. O que importa aqui é que Caymmi é o poeta do remelexo, na boa tradição do samba do Brasil. Basta passar as suas letras em revista. Dora rebola pra lá e pra cá. A "vizinha do lado" mexe com as cadeiras. Quem faz sucesso, desfilando pela feira, é a preta do "balaio grande". A moreninha do pompom grená tem que requebrar para ganhar um doce. E o que é que a baiana tem? Entre outras coisas, requebra bem. Mesmo a que não é baiana tem um "requebrado pro lado" que maravilha o bom poeta. Ouçam ainda o finalzinho de *O Dengo*: "é no mexido, é no descanso, é no balanço / é no jeitinho requebrado que essa nega tem / que todo mundo fica enfeitiçado / e atrás do dengo dessa nega todo mundo vem". Enfim, Caymmi é o poeta do bumbum em movimento. Celebra continuamente o movimento dos quadris, esta ginga feminina a meio caminho entre o andar e a dança. Esteja a mulher passando pelas ruas ou entregue ao ritmo do samba, o que ele canta é o mexido, o rebolado, o remelexo, o requebrado. As únicas exceções, que eu me lembre agora, são circunstanciais – é o colo da morena de Itapuã e o incidente com a maquiagem de Marina, onde a referência é o rosto. Afora isso, quem merece realce é a "nega que sabe mexê e não pára de mexê", num sensual vatapá *double sense*. Para usar palavras do próprio *Cancioneiro da Bahia*, o que Caymmi faz é o elogio inspirado do "magnífico espetáculo das ancas em vai-e-vem". Seja cafuza, preta, morena etc., o olhar de Caymmi se demora na contemplação dos "quartos rebolantes e tentadores", como ele mesmo diz. O remelexo é um jogo sensual, estímulo aos prazeres da cama, índice mais ou menos seguro de possíveis *performances* sexuais. Caymmi o celebra com infinita delicadeza. E com infinita malícia.

Inevitavelmente alguém lembrará a questão do "estereótipo"; da representação estética esquemática de negros e mestiços. O assunto tem rendido teses e dividendos por aí. Mas em vez da finura sociológica de um Roger Bastide, o que geralmente se produz é café requentado. Retoricismo redundante. Quase tudo o que leio a esse respeito apenas me faz lembrar uma observação do velho Marx: nada mais árido e aborrecedor do que o lugar-comum disfarçado. No caso de mulheres não-brancas, a conversa é a mesma de sempre: supererotização. E o traço é imediatamente creditado na conta de uma fantasia sexual racista, responsável pelo mito do erotismo selvagem das fêmeas não-brancas... E viva a ignorância dos sociólogos, porque o "estereótipo" é geral (podemos encontrá-lo em Norman Mailer descrevendo uma branca norte-americana como em Aluísio Azevedo falando de uma branca portuguesa) e, além disso, uma injustiça com os animais, cuja vida sexual é bem menos desregrada do que a nossa. Mas como é impossível negar que o racismo permeia o elogio da sensualidade negra e mestiça, pelo menos em grande parte da criação estética brasileira acabamos num impasse. Porque nem todo canto é racista. E a beleza e a sensualidade de negros e mestiços não são simplesmente uma fantasia. Djavan e Sônia Braga estão aí para quem quiser ver. Fazendo um trocadilho, Zezé Mota é afro-disíaca... E não são os próprios negros que dizem *black is beautiful*? Não é James Brown o cantor *sex-machine*? Ora, se é certo combater o racismo sexual, é igualmente certo que, em nome desse combate, ninguém tem o direito de seqüestrar a sexualidade alheia. A denúncia não implica imposição estético-ideológica de véus islâmicos e cintos de castidade.

Por curiosidade, lembro que, em sua *Arte de Amar*, o poeta latino Ovídio, mestre em "amores levianos", aconselha aos homens que disfarcem os defeitos, as "taras físicas", das mulheres que desejam, assimilando-os às qualidades que lhes são mais próximas. Se a mulher é estrábica, por que não dizer que ela se parece com Vênus? De esbelta chame-se a que é magra; de leve, a pequena; e, das gordas, melhor dizer que têm boas formas. Acontece que, entre as "taras físicas", Ovídio inclui a pele preta. E o que diz o poeta? Que Andrômeda, a princesa etíope, também tinha a tez escura, é verdade. Mas que era preferível chamar "morena" àquela que tivesse "o sangue mais negro que o pez da Ilíria". Pois bem: apesar de algumas derrapadas e aterrissagens forçadas, a poemúsica popular brasileira já deu respostas vigorosas e encantadoras ao preconceito ovidiano. Só não vê quem vem dogmatizando em cima de canoa furada.

Além disso, Caymmi é mulato. Não se trata de um branco falando de não-brancas. O que muda tudo, como presumo que saibam os sociólogos. E o mulato Caymmi move-se no mundo do samba e descende de uma tradição. Não é preciso fazer nenhum esforço para demonstrar o quanto ele está enraizado no solo cultural baiano. O samba-de-roda é intensamente sensual. Não só no ritmo e na dança, como também nos textos cheios de alusões e insinuações sexuais. "Ô tira a mão da flô, ô Fulô" – cantam os negromestiços da Cidade da Bahia e de todo o Recôncavo. "Flô", aqui, significa "xota". E o canto é acompanhado por uma coreografia especial: as mulheres dançam com uma mão sobre a xota e a outra tapando o cu. Édison Carneiro fala ainda de um outro estilo erótico sambeiro, o "bate-baú", que não conheci. Nesta modalidade de samba, segundo Carneiro, "as negras dançavam aos pares, um de cada vez. E, inclinando o busto para trás, as pernas arqueadas, uniam o baixo-ventre, produzindo um ruído igual ao de uma caixa de madeira que se fechasse de vez. Tudo no ritmo do samba". Os visitantes estrangeiros na Bahia oitocentista deixaram inúmeros documentos sobre a natureza erótica da roda de samba e do requebrado das mulheres. Koster fala das "alusões obscenas" dos versos, comentando ainda as "atitudes lascivas" dos homens e os "meneios não menos indecentes" das mulheres. Denis registra em sua correspondência de 1818: "O que há de surpreendente é a mobilidade incrível de seus traseiros, que devem estar sempre em movimento. A faculdade que têm quase todos os pretos de fazê-los girar como uma bola surpreende muito os europeus". E não vai ser nenhum supercilioso sociólogo "europeu" que vai nos obrigar a parar ou baixar a bola. Aliás, o vocábulo "bunda" nem sequer é português. Segundo os entendidos, é palavra que veio de Angola. É quimbundo. Originalmente, "mbunda".

Já o samba-canção carioca levou a lírica caymmiana a um novo espaço formal e semântico. Não é esta uma área que me interesse especialmente no momento, mas não posso deixar de observar que aqui já não nos encontramos mais ao ar livre. Desaparece a reunião dos homens que aprenderam a admirar coletivamente as evoluções sensuais das princesas e rainhas que vinham para sambar. A conversa é outra: se permanece a delicadeza, a atmosfera agora é íntima. Em vez da roda ruidosa dos batuques, com a sensualidade à flor da pele, estamos num clima reservado e silente. O recato se impõe. O encontro é discreto. E – surpresa! – Caymmi fala de amor. Não é que não tenha tocado antes no assunto. O que há de distinto é que apenas no samba-canção Caymmi faz do amor um tema central. Na verdade, o Caymmi de *Só Louco* e *Nem Eu* é tão diferente do Caymmi de *A Jangada Voltou Só* que, se não soubéssemos que se trata do mesmo letrista e compositor, poderíamos imaginar que estávamos em presença de dois poetas, dois músicos, diversos. Já não vemos, como disse, o bando de admiradores galantes agrupados em volta da fêmea soberana do samba. Mas a desordem privada dos amantes. Esta privacidade é urbana. Não vigora mais o drama socializado das pequenas comunidades. As cenas respeitam os limites das quatro paredes. A música já não é o samba extrovertido, mas o samba contido, parente da balada e do bolero.

Por fim, lembro que a fixação baiana na figura materna também se reflete no texto caymmiano. De um lado, a importância da mãe; de outro, a identificação esposa/mãe. Sei que essa conversa recheia os mais diversos catequismos psicanalíticos, mas quero enfatizar aqui um caso específico, uma realidade sociológica. O "filialismo" baiano é um fato e Caymmi soube recriá-lo. Em *Saudade da Bahia* – "ai, se eu escutasse o que mamãe dizia". Em *Peguei um Ita no Norte* – "mamãe me deu um conselho / na hora de eu embarcar". São momentos significativos; e, nos dois casos, o que o pai pensa é silenciado. Em *O Mar*, temos uma aproximação entre mulher e mãe. Em *Noite de Temporal*, encontramos a mãe sentada na areia à espera do filho. E o *Adeus da Esposa*, fragmento de *História de Pescadores*, é o retrato do "filialismo" bem-sucedido (quem fala é uma mulher, mas o texto foi escrito por um homem): "vou fazer sua caminha macia, perfumada de alecrim". Estas não seriam exatamente as palavras de uma mulher que se dirigisse ao seu homem. Mais parece uma cantiga de ninar. Uma espécie de "*lullaby* edipiano", digamos assim. (Maria Bethânia foi muito feliz na interpretação da composição no espetáculo *Rosa-dos-Ventos*: ternura santamarense.) Acho que, em última análise, este "filialismo" é explicável pelo espantoso matrifocalismo existente na organização doméstica da velha sociedade baiana e talvez, quem sabe, por uma tendência matriarcal espraiando-se desde o candomblé, onde a mãe-ialorixá reina.

Em suas observações sobre a organização social nas Antilhas, Jean Benoist disse coisas aplicáveis à realidade baiana. Sublinhou, na vida familiar do arquipélago, a coexistência do modelo da família nuclear, unida pelo matrimônio, e de outro modelo menos estável, encontrável sobretudo em meio às camadas populares. Neste segundo "modelo", de acordo com Benoist, notamos uma débil coesão da unidade habitacional, a instabilidade das uniões e a poliginia aceita sem maiores complicações. O parentesco sangüíneo é forte, "mas está em total discordância com os comportamentos fluidos relativos à residência". Ainda Benoist:

> Nestas condições, frente à norma expressa que é o matrimônio, se desenvolve uma constelação de comportamentos centrados na família "matrifocal". Orientada em torno da mulher ou, dito com maior exatidão, em torno do eixo mãe-filho, o lugar matrifocal pode oferecer composições distintas, mas só este eixo permanece estável.

A importância do marido-pai, na organização doméstica, é muitas vezes menor do que a da parentela. Mas o importante é que a instabilidade das relações, em oposição à firmeza do eixo mãe-filho, faz da mulher-mãe a personagem central da casa (o grau em que se realiza a matrifocalidade é variável, evidentemente). E é natural que esta preponderância da figura da mulher-mãe, eco da vida doméstica dos negromestiços no sistema escravista, se estenda a outros setores da vida social. Acho que a presença nítida da mãe, na poesia de Caymmi, deve ser pensada nesse contexto. Contando ainda que o fenômeno é reforçado, na Bahia, pelo predomínio feminino na vida candomblezeira, embora sempre um pequeno contingente de homens, geralmente homossexuais, se apresente ostentando o título de babalorixá.

Na década de 70, Caymmi compôs a *Oração à Mãe Menininha*. Na galeria de suas personagens femininas, o caso da ialorixá é especial. Menininha pertence a uma linhagem de mulheres ilustres da Bahia. São as ialaxés; as grandes mães-de-santo. Em 1938, numa temporada de estudos baianos, Ruth Landes perguntou a Édison Carneiro: "Não é pouco comum que uma mulher chegue à notabilidade no Brasil?" Resposta de Carneiro: "Não na Bahia, não no mundo do candomblé". Em outra ocasião, ouvindo Carneiro se referir a um "complexo de inferioridade" de um pai-de-santo, pediu explicações. Carneiro: "É um homem [...] num mundo dominado por mulheres". Nestor Duarte, na época estudando a história da mulher negra no Brasil, andava impressionado com a independência e a coragem das pretas. Duarte via, na projeção feminina no candomblé, um fator de equilíbrio, a contrabalançar o predomínio dos homens na vida secular. Duarte a Landes: "Essa espécie de mulher tem vivido com independência por tanto tempo [...] que não consigo imaginá-la dependente e trancada em casa, ainda que se eleve à classe média".

Antes que esposa de fulano, a sacerdotisa do candomblé é uma intermediária entre os homens e os deuses. Há uma curiosa conversa entre Ruth Landes e Édison Carneiro sobre o assunto. Ruth perguntou a Carneiro sobre os maridos das mulheres do candomblé. "Maridos? Não há muitos, e de qualquer modo não são de confiança", respondeu Carneiro. Ruth concluiu então que Menininha não se casara legalmente com Álvaro MacDowell pelas mesmas razões porque as outras iás e sacerdotisas não se casavam.

Teria perdido muito. De acordo com as leis daquele país católico e latino, a esposa deve submeter-se inteiramente à autoridade do marido. Quão incompatível é isto com as crenças e a organização do candomblé! Quão inconcebível para a dominadora autoridade feminina!

Essas mulheres não foram treinadas para ser apêndices dos homens. O casamento não é o objetivo supremo. A ialorixá não é a doméstica abnegada; não é assimilável ao estereótipo da "rainha do lar". Ela é "mãe" de uma comunidade, não de uma família nuclear. Seu território não é a casa, mas o terreiro, o *egbé*. E esse território se expande em várias direções. Ruth Landes percebeu corretamente que o mundo do candomblé era uma espécie de enclave matriarcal numa sociedade patriarcal. O fato poderia não ter muita importância numa sociedade materialista, mas a religião está presente nos menores aspectos do cotidiano baiano. Assim, a ialorixá nunca é mulher subjugada ou marginalizada. É respeitada e venerada. E esta projeção feminina se reflete sugestivamente na linguagem baiana: uma dona de casa tem filhos; uma ialorixá faz filhos (de santo).

Isto não vem de hoje. Gilberto Freyre já falava dos modos radicalmente diferentes da mulher negra e da mulher branca lidarem, no Brasil colonial, com o espaço urbano. Na Bahia, especialmente, era sinal de fidalguia evitar a rua e o ar livre. O espaço público citadino era estigmatizado no ambiente social branco. E se era assim com os senhores, pior para as sinhás. Houve as exceções de praxe, é claro. Mas aqueles senhores patriarcais, passando dos engenhos para os sobrados, mantinham mulheres e filhas enclausuradas, entregues aos "cafunés afrodisíacos" das mucamas (Bastide estudou o lesbianismo aí). Freyre lembra ainda que a dominação sexual patriarcal gerou dois modelos femininos: o da senhora gorda, prática e caseira; e o da moça franzina, romântica e neurótica, inspiradora de boa parte da má literatura brasileira, com seu típico culto do "sexo frágil", que o ensaísta pernambucano flagra pelo avesso, identificando aí o culto narcisista do macho patriarcal. Seja como tenha sido, o certo é que sinhás e sinhazinhas foram, na vida brasileira, mulheres pálidas e omissas. "Nunca numa sociedade aparentemente européia, os homens foram tão sós em seu esforço, como os nossos no tempo do Império", escreveu Freyre.

Mas a análise é aplicável apenas à classe dirigente. Bem outra era a realidade entre negros e mestiços, homens e mulheres, todos pessoas da rua e da praça, com seus cantos de trabalho, seus batuques e seus namoros. E é aqui que a negra ou mulata mais se distingue das sinhás e sinhazinhas. Vamos encontrar as primeiras em campo aberto, algumas vezes empenhadas em iniciativas históricas de relevo. Foi o caso daquelas "mulheres enérgicas e voluntariosas, originárias de Ketu", de que fala Pierre Verger – a Iyalussô Danadana e a Iyanassô Akalá (ou Oká) que, auxiliadas por Babá Assiká, fundaram no início do século XIX um terreiro de candomblé, o Iyá Omi Axé Airá Intilê, casa que deu origem aos mais famosos terreiros da Bahia, a exemplo do Ilê Iyá Omin Axé Iyamansê, que foi dirigido por Menininha do Gantois. Ao falar sobre a sua *Oração à Mãe Menininha*, Caymmi declarou que ali estava a sua homenagem à "mais doce e bela rainha da Bahia, a que zela pelos orixás e pelo povo baiano".

Cada complexo ecológico, assim como cada complexo técnico ou cultural, faz a sua exigência de linguagem. É sensível o registro do ecossistema na criação simbólica. Ainda que como limite, ou estampando-se pelo avesso, como em *Sun King* (Lennon-McCartney), que é uma idealização britânica das terras ensolaradas do Mediterrâneo. No mesmo passo, temos que pretender, como alguém já disse, que a poesia não veio de Homero a Maiakóvski sem que a luz elétrica não tivesse nada a ver com isso. A determinação histórico-social é concreta. Hugo é obrigado a explorar uma certa área lingüística do francês, desde que se dispõe a descrever a introdução do vapor na velha Normandia. Por comparação, a moldura lírica se romperia se Caymmi começasse a falar de guindastes, rebocadores e fornalhas. Poderíamos ter uma outra configuração lírica, embora a linguagem da máquina tenda ao épico, como sabiam os futuristas. De outra parte, não podemos defender nenhum rígido determinismo do ambiente sócio-ecológico. Quando falo em estilística oceânica, por exemplo, não me esqueço de que ela não pode se materializar independentemente da situação literária do escritor. Poe é um romântico transitando para o simbolismo. Esta conjuntura estética é, neste sentido, mais relevante do que sua movimentação geográfica. Quando ele abandona o mar oceano, sua escolha costeira é significativa, na fúria esplêndida do *Maelström*. Gilliat, personagem de Hugo, tem tudo de herói de romance romântico e quase nada ou nada de pescador. Swift nem sequer se inclina para contemplar o mar.

Num terreno mais próximo, podemos comparar a marina caymmiana com as visões marítimas de outro poeta baiano, o simbolista Pedro Kilkerry, falecido quando Caymmi era uma criança. Em termos de linguagem, com seu metaforismo e sua sintaxe enviesada, o mar kilkerriano é um mar "mallarmaico". Augusto de Campos viu bem. Mas não há nenhum parentesco possível entre o estilo de Caymmi e a estratégia simbolista de camuflagem semântica. Caymmi é claro e direto, nunca névoa de signos. Além disso, enquanto o mar de Caymmi é "iorubaiano", o de Kilkerry arrufa sem compromisso. Dito de outro modo, são diferentes as relações entre esses discursos e o mesmo universo em que eles foram produzidos. E se a realidade envolvente não é suficiente para determinar uma espécie de arte, outros dados participam do jogo. Caymmi é Caymmi por obra e graça do tipo de relacionamento que ele estabeleceu com o universo físico e social que o envolvia. E esta relação é de imanência. Caymmi não se descola do chão. Não se entrega a transcendentalismos. Antes que metaficista, nos amarra ao factual. É o cantor das aparências, da experiência imediata, numa poesia a olho nu. Mais ainda. Caymmi não é um autor intelectual, como Chico Buarque ou Caetano Veloso. Suas personagens, antes que complexas ou dilemáticas, são "planas". Mantêm relações simples com o mundo. Caymmi é envolvimento simpático, não apreciação ética ou psicológica. Daí que inexistam enclaves ideológicos em seu texto. Podemos discuti-lo ideologicamente em outro nível: o da paisagem que ele privilegia; o da cena que ele celebra; o do ângulo que ele escolhe. Pois tudo aí tem a marca do imediato, sem truques premeditados ou deslizamentos de sentido. Caymmi é o poeta do sensível na vida. Do palmar. Do táctil. E seu objetivo é o encantamento sensorial.

Caymmi sempre andou imerso na realidade física e social. Índice desta aderência é o seu retrato da vida religiosa do povo. A começar pela intimidade no trato com os santos, coisa que, de tão íntima, chega a sugerir desrespeito. Na Bahia, o sensual e o sagrado não se repelem. E é com a maior tranqüilidade que Caymmi invoca um santo nome em samba: "já plantei na minha porta/ um pezinho de guiné/ já chamei um pai-de-santo/ pra benzer essa mulher/ essa que tem um requebrado pro lado/ minha Nossa Senhora, meu senhor São José". O culto religioso, retratado por Caymmi, é sociável. Em *365 Igrejas*, ele só se refere a ocasiões festivas, ainda que arroláveis no currículo do bom católico. Mas esta intimidade não exclui a reverência. A convivência da fé e da folia não implica a inexistência de obrigações e tabus. Na Bahia, nas justaposições das heranças portuguesa e africana, brotaram formas religiosas de cores próprias. Como a surpreendente combinação de monoteísmo e politeísmo. Temos "o Deus" e a multiplicidade pagã das deidades, os orixás (do ponto de vista de uma tipologia das religiões, Iansã está mais próxima de Palas Atena, a deusa dos olhos verde-mar, do que de Santa Bárbara). Neste processo surgiram práticas populares sincréticas, eróticas e democráticas. É o caso das "festas de largo", que sempre escandalizaram os viajantes europeus que passaram por aqui. O que um cristão europeu poderia esperar de uma composição musical que ostentasse no título o nome de Santa Bárbara? Tudo, menos o que Caymmi canta em sua *Santa Bárbara*: "tem pagode no mercado, tem pagode bom". Outra composição característica é *Festa de Largo*, com a praça embandeirada, a multidão, a capoeira, o baticum.

Em *2 de Fevereiro*, Caymmi apanha um outro aspecto: a oferenda a Iemanjá (os baianos acreditam, como dizia o velho Dante, que "sotto l'acqua ha gente che sospira"). E a progressão é no sentido de um enraizamento sempre mais profundo no universo mítico da Bahia. De início, Caymmi poetiza o pescador que presenteia a Rainha do Mar. É o poeta que contempla e registra. Mas que logo irá além da postura contemplativa para finalmente, em *Sargaço Mar*, assumir o candomblé, desejando ele mesmo, na primeira pessoa do singular, ir ao encontro da Senhora das Águas. É um estranho e belo canto de despedida – *adieu* do poeta que se aniquilará gloriosamente no seio da mãe dos orixás. "Odô Iyá" (mãe-d'água), diz Caymmi, espécie de "rito de passagem", pois que o término da canção é o início da saudação a Iemanjá, a deusa que se estende na amplidão. O que ouvimos já não é mais uma canção sobre motivo candomblezeiro, mas o discurso de alguém que é da gente dos orixás. De um dos obás ou "ministros" de Xangô, no Axé do Opô Afonjá: Caymmi, Obá Onikoyi.

Não é difícil verificar em quanto a intimidade

de Caymmi com a Bahia é um fato de linguagem. Sua relação com Itapuã é exemplar. Caymmi não se distancia um instante sequer dos fatores e fenômenos ambientais. A pesca pré-industrial é sobretudo uma transação com a natureza. Todo pescador artesanal sabe que o mar, antes que inércia objetal, possui os seus caprichos de complexo biológico muitas vezes intraduzível. Caymmi, em contato íntimo com o pescador e o mar, nomeia diretamente os objetos. É a areia, a pedra, o barco, a folha, o remo, a rede, o vento, o coqueiro, o chapéu. Não há simbolismo ou esoterismo. O que ele faz é uma leitura literal do litoral. E Caymmi se enfronhou com tal intensidade na vida itapuãzeira que, ultrapassando a mera figuração de uma essência romântica do pescador, conseguiu produzir, no extremo deste seu enraizamento sensível, verdadeiros cantos de trabalho, imediatamente vinculáveis às atividades práticas dos trabalhadores do mar. São os casos de *Pescaria* e *O Vento*, composições que têm os seus laços longinquamente atados à velha tradição das canções de remadores. *Pescaria* é narrativa ágil e concisa, exibindo um padrão ao mesmo tempo alegre e rigoroso de construção poemusical. *O Vento* chega a ter, graças à sua estruturação rítmica, aquele efeito sedativo do esforço muscular. É um típico canto do trabalho cooperativo. Por isso mesmo, se tivesse que definir a poesia praieira de Caymmi numa expressão sintética, diria que, muito mais que marítimo, o texto caymmiano é *maríntimo*.

A poesia caymmiana nasce de um mundo que deixa perceber inteira a sua figura. Não é o mundo rodopiante e descentrado em que vivemos. E Caymmi, como já disse, está imerso nele. Sua poesia brota da participação num repertório comum de experiências, todas elas imediatamente legíveis ou decodificáveis no âmbito comunitário. É uma poesia que coincide com a sociedade. Por isso é que tantas vezes ele consegue nos transmitir uma sensação de *Volksdichtung*. De poesia pré-letrada. E aqui chegamos ao ponto principal. Para fazer a poesia que fez, Caymmi teve que ter uma intimidade essencial com as linguagens existentes na sociedade que ele estetizou.

De uma parte, com a poemúsica popular, anônima ou não, onde se destacam cantigas e sambas, especialmente os sambas-de-roda do Recôncavo da Bahia. Salvador é uma cidade intensamente musical, como o Rio de Janeiro ou Nova Orleans. É impossível encontrar uma narrativa dos tempos coloniais que não faça referências às batucadas da Cidade da Bahia. Ferdinand Denis chegou a comentar que os negros e mestiços da Bahia eram "músicos por instinto". E Caymmi, músico por instinto, mergulhou no som da sua gente. Em *Adalgisa*, por exemplo, além da simplicidade extrema da letra, vamos encontrar a típica estrutura solista/coro. *Santa Bárbara* parece mesmo um samba-de-roda puxado em festa de largo. Também por aí vai essa delícia: "morena, balance as contas / não pare de peneirar: / eu vim pra lhe ver sambando / eu vim pra lhe ver sambar". De *O Samba da Minha Terra* disse o próprio Caymmi que "foi inspirado em sambas-de-roda onde se cantam estribilhos referentes ao bole-bole, ao requebrado, sugestões nascidas, sem dúvida, do movimento quente e sensual das negras baianas, desse remelexo que é tão próprio da música negra".

Em *Balaio Grande* estamos definitivamente no reino da malícia popular. Na gíria baiana, "balaio grande" é bunda carnuda, fornida. Édison Carneiro encontrou sambas-de-roda que exaltavam o balaio-bunda. Um exemplo: "ô mulher do balaio movidinho / ô que balaião / ô balaio de costura / ô que balaiinho / ô balaio de pão". E Caymmi: "ô a nega do balaio grande / ô do balaio / ô do balaio grande / ô do balaio". Aproveitando a deixa popular, acrescentou: "lá na feira aparece / muito cesto e samburá / mas balaio assim, ô nega / todos dizem que não há". É puro samba-de-roda. Mas é claro que o vínculo com as tradições populares nem sempre é tão explícito. Em todo caso, acho que podemos reconhecê-lo até na insistência do emprego do verbo "ter", na terceira pessoa do indicativo, em *O Que É Que a Baiana Tem*. Repercute aí uma antiga cantiga popular: "Na Bahia tem / tem tem tem / Na Bahia tem, ô baiana / côco de vintém". E uma composição como *Rainha do Mar*, em toda a sua simpleza, encerra o assunto. Muitos pensam que o seu autor é Caymmi. Não é. *Rainha do Mar* é tradicional música popular de Itapuã:

> Minha sereia rainha do mar
> o canto dela faz admirar
>
> Minha sereia é moça bonita
> nas ondas do mar aonde ela habita
>
> Ai tem dó de ver o meu penar
> minha sereia rainha do mar

De outra parte, em vez de introjetar uma língua literária, Caymmi poetizou a fala baiana, tal como a encontrou em determinado período de sua evolução. Caymmi é o poeta da prática da língua. E isso a ponto de sua poesia parecer negar ou dissolver a dicotomia didática que se costuma estabelecer entre a "língua poética" – onde o signo é o centro das atenções – e a "língua cotidiana", onde predomina o objetivo pragmático da comunicação. É apenas uma impressão, evidentemente. Caymmi não abole fronteira alguma. O que ele faz é arte verbal. Mas a impressão em contrário é em si mesma reveladora. Para não mencionar os anos de depuração a que Caymmi submete os seus textos, em artesanato ao mesmo tempo paciente e descontraído, acho que essa impressão decorre de dois fatores. Por um lado, é fruto da distância caymmiana em relação à "linguagem-padrão" (a *norma culta* depurada de gíria, calão, ondulações dialetais, etc.) e aos estilos literários pré-modernistas, tal como estes se refletiram na literatura brasileira. Por outro lado, a impressão resulta do tipo de ordenação das "funções da linguagem" que encontramos no texto caymmiano. Sua poesia não é propriamente emotiva e muito menos imperativa. Antes que centrada na primeira pessoa, expressando direta e invariavelmente a atitude e os sentimentos de quem fala, está mais orientada para contextos e coisas. Dito em termos técnicos, o texto caymmiano põe em destaque, logo após a "função poética", a chamada "função referencial" da linguagem. É um texto poético-denotativo, principalmente. Além disso, Caymmi não força a língua no aspecto prosódico.

Merece destaque o descompromisso literário de Caymmi. Ele foi vacinado ainda jovem contra o vírus da "poesia literária", exorcizando então o fantasma do poeta erudito. É o que ele mesmo diz: "Leio pouco. Li mais quando era jovem. Do folhetim de aventuras passei a Victor Hugo. O Colégio Castro Alves me infundiu terror pela poesia por causa dos recitativos. Só muito mais tarde comecei a ler novamente. Gosto dos romances brasileiros de sentido regionalista: Jorge Amado, José Lins do Rego, Graciliano Ramos... Entretanto, me dou melhor com a poesia, que realiza uma síntese mais próxima da expressão musical. Sou admirador de García Lorca, Carlos Drummond, Manuel Bandeira, Jorge Guillén, Pablo Neruda". Houve então um hiato na formação poética de Caymmi. E este hiato deve ter tido alguma responsabilidade pela sua desinibição em relação aos cânones da poesia culta. Quando Caymmi vai, por uma única vez, ao floreio verbal, é no exercício consciente da imitação estilística. Paródia. Metalinguagem. É o que acontece em *Canção Antiga*, montagem de clichês de modinha romântica. Foi também por esse descompromisso literário, margeando o padrão verbal que estereotipifica um mundo, que Caymmi se deixou imantar pela vida baiana, incluindo aí as particularidades lingüísticas.

Caymmi elevou poeticamente esta vereda verbal com alta fidelidade morfossintática (não me refiro, obviamente, ao "sotaque": à maneira de João Gilberto e dos tropicalistas, Caymmi muitas vezes se rendeu, em suas gravações, ao padrão fônico centro-sulista). E é fácil localizá-lo na estrutura sociolingüística da sociedade baiana. Diante do conjunto total dos hábitos verbais aí existentes, Caymmi estetizou a linguagem das camadas populares. Ele é um poeta da oralidade, do ato concreto da fala, das palavras que ressoam ao seu redor – mas no campo da combinatória verbal dos falantes pertencentes aos agrupamentos economicamente menos favorecidos, nos termos da hierarquia social baiana (foi isso o que Décio Pignatari não entendeu, quando partiu de lazarina na mão em defesa do "Português do Brasil", acusando os compositores baianos de "folclorizar" a língua, como ítalo-herdeiro do velho Lopes Gama). "O povo, o inventa-línguas", dizia Maiakóvski. Foi por aí que Caymmi viajou, recriando o discurso das ruas, dos becos, das ladeiras e largos da Cidade da Bahia. Além disso, Caymmi é dono de uma sensibilidade onipoética. Muitos dos seus versos parecem colhidos no ar. Ele sempre soube que a poesia, como dizia Mário Faustino, "é um pássaro versátil e bem pouco *snob*, capaz de fazer seu ninho em qualquer canto". É por isso que a sua poesia evolui tão bela sobre a linguagem da arraia-miúda. Caymmi é o poeta daquele *Bahian Portuguese* de que fala Megenney. E bem que poderia ostentar, como divisa dos seus versos, o cristal de Mallarmé. "Donner un sens plus pur aux mots de la tribu." Sim: Caymmi deu um sentido mais puro às palavras da tribo.

"A Bahia tem um jeito / que nenhuma terra tem." Me lembro aqui, de passagem, de uma pergunta que Swift colocou na boca do capitão Gulliver: "For, indeed, who is there alive that will not be swayed by his byass and partiality to the place of his birth?" Usando um conceito conhecido, podemos dizer que Caymmi compôs, no conjunto de sua obra baiana, uma "utopia de lugar". A expressão é contraditória, mas útil. Temos uma "utopia de lugar" sempre que a terra-da-felicidade não é localizável em nenhum mapa ("true places never are", disse Melville). Ou quando topamos com reconstruções idealizadas de lugares realmente existentes. Caymmi cai no segundo caso.

O problema é que fica difícil reconhecer, em

sua poesia, uma "intenção utópica", no que isto envolve a crítica social. Não me parece que Caymmi idealize uma comunidade distante com o claro intuito de confrontá-la (ainda que indireta, extratextualmente) com o real histórico. Falar em "utopia de lugar", a propósito de sua obra, é uma opção de leitura. Legítima. Caymmi compôs uma versão idealizada da Bahia. De uma parte, ele ignora o que não se ajusta à imagem diferencial da região. É o caso das novidades urbanas, por exemplo. De outra, ele exclui programaticamente de sua poesia os aspectos desagradáveis da vida baiana. Veja-se o retrato caymmiano de Itapuã. Não há lugar aí para a incerteza política, as cruezas da opressão social ou a rapinagem econômica. Visitando a aldeia no século XIX, um mineralogista alemão usou uma única palavra para defini-la: "miserável". Caymmi está numa posição oposta. Para usar fora de contexto uma brincadeira verbal de Gregório de Mattos, Itapuã é, para Caymmi, "maravi maravi maravilha". Confesso que fico entre ele e o alemão. Itapuã é maravilha, mas maravilha muitas vezes dramática. Reconheço que pode haver uma felicidade sem exaltações, decorrente do próprio ajustamento do organismo social. Não quero dizer com isso que aquelas pessoas fossem necessariamente mais felizes do que os baianos de hoje. Não. Estabilidade social não significa estabilidade psicológica, muito menos "felicidade". Mesmo porque não acredito que alguém possa viver sem atravessar turbulências e conhecer decepções mais – ou menos – graves. Caymmi sabe disso, é claro. Mas a única fonte de sofrimento que ele identifica, na vida daquela aldeia de pescadores, é a morte no mar. Embora a morte no mar não seja propriamente acidental, na vida de uma comunidade pesqueira, o sofrimento que ela provoca advém do envolvimento interpessoal. Caymmi não fala das fontes sociais da dor. Opressão e exploração, por exemplo. Prefere a elipse: canta a vitória sobre a exploração, mas sem mencioná-la.

É o que acontece em *Milagre*. Fala-se aí de uma pescaria bem-sucedida: "Era só jogar a rede e puxar". Só. O que precipitou a composição não é denunciado, nem conseguiríamos imaginá-lo. Caymmi rasurou o móvel da canção. Mas no *Cancioneiro da Bahia*, ele esclarece:

> É uma canção inspirada em certos fatos que acontecem habitualmente durante a Semana Santa, na Bahia, quando os açambarcadores da venda do peixe – exploradores do povo e dos pescadores – escondem os estoques, alardeiam a falta da mercadoria para aumentar os preços. É nessas ocasiões que se repete o milagre: é só jogar a rede e puxar o peixe farto, abundante, em dia de pesca e de pescador. Pesca milagrosa, derrotando a ganância dos açambarcadores.

O tom dessas frases, inclusive em sua indignação cristã, é estranho à poesia caymmiana. Caymmi, homem estético por excelência, antes que discutir relações sociais, fez da sua lírica um espaço sem mácula. É contemplativo e celebratório das coisas que considera dignas de contemplação e celebração. E assim ele apaga, sem ira ou estardalhaço, os açambarcadores da venda do peixe. Uma estratégia lírica, certamente. Mas disso também resulta uma visão idealizada da Bahia. Caymmi nunca se mostrou disposto, em seus sambas e canções, a contestá-la. Sua obra é a figuração plena de uma Bahia ideal, sedutora, livre de atributos incômodos e indesejáveis.

É assim que se constrói uma "utopia de lugar". E é esta utopia baiana, toda feita de graças pré-industriais, que Caymmi apresenta ao Brasil meridional. Mas é bom lembrar que Caymmi não é o autor do mito baiano. Ele já saiu da Bahia aureolado. Foi soar, no contexto meridional, como a encarnação autêntica de uma região há muito privilegiada no imaginário brasileiro. Esta mitificação da Bahia merece comentário. Lawrence dizia que lugares diferentes, sobre a superfície da Terra, possuem diferentes vibrações, exalações químicas, etc. "O espírito do lugar é uma grande realidade." Araripe Júnior, escrevendo sobre a Bahia, aludiu a este mesmo *genius loci*. Mas como não sou capaz de precisar o teor de emanações e estrelas na constituição de um mito tópico, vou tentar me mover em terreno menos fascinante, porém mais seguro.

O mito baiano está assentado num tripé: antiguidade histórica, originalidade cultural, beleza natural e urbana. Foi a partir desses elementos, que são reais, que o mito evoluiu, dos tempos coloniais aos dias de hoje. Ainda recentemente, tivemos a idealização "contracultural" da Bahia como o lugar onde tudo era significativamente mais profundo, mais mágico, mais "forte", mais etc. Atualmente – e ainda a partir de elementos reais – é a vez dos negros idealizarem ao extremo o "axé" da Bahia. É um mito persistente e rico. A Bahia recebeu desde sempre um tratamento especial. Do seu efeito sedutor não escaparam sequer intelectuais vanguardistas. Pagu, crítica afiada e polemista de borduna em punho, se desmancha comentando uma exposição de Carybé em São Paulo:

> Carybé é artista, muito. Carybé sabe desenhar. Carybé se equilibra na tensão da linha para nos dar uma sugestão do que

viu, do que visualiza, do que sente [...] E acontece que estas coisas são registros de suas andanças pela Bahia, a Bahia famosa, a boa terra da Bahia, das igrejas barrocas. Vede, portanto, nestes documentos de um artista em excursão pela Bahia, o reflexo de suas impressões daquilo tudo. Do seu povo, de seus tipos, de seus santos, dos altares, daqueles trechos amoráveis.

Drummond chegou a brincar: era preciso fazer um poema sobre a Bahia, mas nunca tinha ido lá. E não é que Ary Barroso fez um, antes de pôr os pés na região? Mas voltemos ao tripé, a começar pela antiguidade histórica. Frei Vicente do Salvador, escrevendo à época das invasões holandesas, disse que os "índios velhos" comparavam o Brasil "a uma pomba, cujo peito é a Bahia". Antes que confiar na informação, devemos ler, na frase que o frei atribui aos tupinambás, um dos primeiros sinais do mito baiano – que já vai se erguendo sobre o fato da Cidade da Bahia ser, como alguém a chamou, "a primogênita de Cabral". Diz o mesmo frei que, quando dom João III determinou povoar os trópicos brasileiros, resolveu fazer aqui "uma cidade, que fosse como coração no meio do corpo". Foi aqui, na Cidade da Bahia, que se deu o *birth trauma* brasileiro. O fato é fundamental. Stefan Zweig, com seus olhos europeus, foi enfático: esta cidade – "o primeiro pilar da grande ponte lançada sobre o Atlântico" – tem a "prerrogativa da ancianidade" entre todas as das Américas.

Fundada, definitivamente, como posto avançado da civilização portuguesa, 58 anos antes de Jamestown e 35 anos antes de Ste. Augustine – os dois primeiros núcleos de população européia dos Estados Unidos – foi um dos mais ricos portos do mundo muito antes que Nova York saísse da infância, lembra o norte-americano Donald Pierson. Salvador tem história, sintetiza Zweig. Acrescentando: "A Bahia é para o Novo Mundo o que para nós são as metrópoles milenárias".

Lembre-se de que Lévi-Strauss viu, na falta de reminiscências, um "elemento de significação" de São Paulo. Quando Sérgio Buarque de Holanda diz que "somos ainda hoje uns desterrados em nossa terra", tipifica uma espécie paulistana desgarrada, europeísta, numa postura nitidamente geracional (*Raízes do Brasil* trata das raízes *ibéricas* do Brasil). Este sentimento de desterro jamais habitaria um baiano daquela geração. Pelo contrário: o baiano parece ter a crença de que é feito do barro da Bahia. O "elemento de significação" de Salvador é ter história. E a partir daqui vai se tecendo o mito. Pode-se imaginar o que significa "ter história" num país tão desenraizado, vivendo crises de identidade típicas de uma adolescência nacional. A Bahia funciona como "mito de raiz", para lembrar a observação de Caetano Veloso. E não é difícil acompanhar a ação desse mito ao longo da nossa história. "Ainda hoje para as populações rústicas das províncias circunvizinhas a cidade suprema e a suprema longitude é a Bahia", escrevia Sílvio Romero no final do século XIX. Mas o mito não ficou só aí. Enramou-se além. Escreve Oliveira Viana em 1920:

> Certa vez, numa aldeia do interior do Estado do Rio, depois de uma violenta agitação popular, que se transformou em conflito sangrento entre duas facções locais, ouvi a alguns moradores que um dos grupos ia apelar "para o governo da Bahia". Por que o governo da Bahia? Essa extravagante idéia feriu-me de surpresa. Depois, um clarão se me fez: há cerca de século e meio o governo da Bahia regia, como sede do governo geral, a capitania do Rio de Janeiro. Como se havia conserva-

do, persistente e oculta, na memória popular a recordação dessa remota tradição administrativa? Não havia ali nenhum daqueles "homens-arquivo", de que fala Quatrefages. Esse incidente me fez compreender o valor do elemento histórico na formação da psicologia dos povos.

À "prerrogativa da ancianidade" (Zweig), ao "direito primacial" (Araripe), se somaram o encanto estético e a singularidade cultural. Não só o fundo azul-claro do céu, a vegetação, as colinas e vales, os promontórios, as ilhas e praias. Mas também a estética urbana, o colorido do casario, os prédios públicos, os jardins, os chafarizes. Salvador *era* cidade elegante, senhoril. E tipicamente católica, da espécie lusitana de catolicismo, o espaço urbano dominado pela projeção das igrejas (seu número tão alto provocou protestos de Maximiliano da Áustria, responsável pela lenda de que a Bahia tem 365 igrejas, cifra que deu em samba de Caymmi). E isto sem falar da arquitetura militar, da qual se destaca o Forte do Mar, talvez a construção arquitetonicamente mais racional da Bahia, parecendo flutuar sobre as águas em frente ao cais ("Panela de pedra da história colonial/ Cozinhando palmas", na bela definição de Oswald de Andrade). Como se não bastasse, o lugar apresentava uma identidade cultural específica, orgulhoso do seu passado, costumes e tradições. Uma sociedade híbrida (o que aqui ocorreu, na expressão de Araripe Júnior, foi um "carnaval biológico"), sensual e festiva. E mais uma vez o mito foi se construindo sobre o exagero de elementos reais. Fantasiou-se a terra bela e feliz; exótica e erótica; mística e solar; lúdica e sábia; preguiçosa e profunda; etc. & etc. Uma cidade, ainda, que tendo perdido seu peso econômico, mantinha intocável o seu prestígio cultural e religioso (pólo central da religiosidade de origem negro-africana nas Américas e sede da Igreja Católica no Brasil).

É com esta dimensão mitológica que a Bahia habita o imaginário brasileiro. Antes da Abolição de 1888, Sílvio Romero já sublinhava a freqüentíssima presença baiana nos poemas e contos populares das diversas regiões do país. Mas não só na "cultura popular": também na literatura "erudita" e na crítica literária. Dando um salto do século XIX ao incipiente mundo do *show-business*, o mito baiano, em vez de desbotar, se aviva. É quadro obrigatório do "teatro de revista" a homenagem final à Bahia. Perde-se a conta das canções brasileiras sobre temas baianos. E mesmo a "Miss Brazil", em exposição anual do gado feminino, vai vestida de "baiana" (Ieda Vargas, de "gaúcha", foi uma exceção).

O carnaval carioca é exemplar, nesse aspecto. Alas de "baianas" e enredos sobre a Bahia povoam o mundo dos bambas e os desfiles das escolas de samba. Já Manuel Antônio de Almeida falava de um rancho de "baianas", ao qual atribuía o sucesso da procissão dos ourives do Rio, ainda no tempo de dom João VI.

> Queremos falar de um grande rancho chamado das – Baianas – que caminhava adiante da procissão, atraindo mais ou tanto como os santos, os andores, os emblemas sagrados, os olhares dos devotos; era formado esse rancho por um grande número de negras vestidas à moda da província da Bahia, donde lhe vinha o nome, e que dançavam nos intervalos dos *deo gratias* uma dança lá a seu capricho.

E daí vem. Já nos primeiros carnavais cariocas surgia um "Grupo Baianinha do Amor". Em 1927, os foliões do Rio caíram na gandaia ao som de

Cristo Nasceu na Bahia (Cirino-Duque) e – no ano seguinte – a Bahia ("fonte inspiradora dos sambistas de todos os tempos", no dizer de Edigar de Alencar) voltaria em *Ai, Eu Queria*, sucesso carnavalesco de Vidraça e Pixinguinha. Daí para cá, a coisa não parou mais. Não preciso multiplicar exemplos. Pense-se apenas na continuidade existente entre as "baianas" da procissão dos ourives, no começo do século XIX, e as "baianas" espaciais, de capacete e asas, que desfilaram, neste final de século XX, na escola de samba Mocidade Independente de Padre Miguel, vencedora do carnaval carioca com o enredo *Ziriguidum 2001 – um Carnaval nas Estrelas*, mistura de pandeiro, cuíca e *kitsch* de ficção científica.

A especificidade baiana sempre foi realçada. Até a revista *Realidade*, em busca de uma explicação para as estripulias tropicalistas de Caetano Veloso (e a abertura universalista da Tropicália está ancorada, sem dúvida, no sentimento de segurança da "baianidade"), fez da fórmula a sua manchete: acontece que *ele* é baiano. Nem há como não pensar no esfuziante fuzuê tropicalista, numa leitura descontraída do ensaio de Araripe Júnior sobre a Bahia de Gregório de Mattos: "Nesse ninho de volúpia gerou-se uma raça de mestiços, eloqüente, ressonante, apaixonada e um tanto cheia de paradoxos nos costumes". E a visibilidade do mito é tanto maior quanto, de um lado, recebe a leitura etnocêntrica sulista – e, de outro, é reforçada pelo exibicionismo baiano.

Nesse curso mitificador, nos deparamos finalmente com a ambivalência que carimba a visão brasileira da Bahia e dos baianos. Ser baiano foi visto como privilégio, mesmo recentemente, em meio à idealização contracultural da Bahia. Mas houve também a consideração oposta (mesmo no Rio Grande do Sul, "baiano" é sinônimo de nordestino, além de definir o peão que não sabe cavalgar). Uma movimentação histórica se encarregou de dar um sentido depreciativo à expressão "baiano", que se desdobrou num neologismo igualmente depreciativo, "baianada". Esta conotação pejorativa tem a sua base sociológica. É um subproduto da massiva migração nordestina para São Paulo. Foi nessa época, década de 40, que surgiram as "piadas de baiano". É compreensível. Uma cidade não suportaria sem reações uma súbita e numerosa onda migratória originária de uma "mesma" região. E os nordestinos chegavam em São Paulo como mão-de-obra desqualificada, aceitando salários miseráveis e por isso mesmo diminuindo as oportunidades de emprego e ameaçando a renda real das classes populares. É óbvio que os paulistas reagiriam, tentando caracterizar os nordestinos, os "baianos", como seres inferiores. Embora a animosidade tenha se retraído neste final de século, especialmente em meio às novas gerações e às elites econômicas e intelectuais, ouvi "piadas de baiano" em botecos paulistas, li frases ofensivas em mictórios e fui xingado de "baiano" no tráfego. O preconceito permanecia. Descolado do seu conteúdo sociológico original, atestava a ambivalência paulista em relação à Bahia. O "baiano" era a um só tempo idealizado e depreciado, amado e hostilizado. Tanto era o charmoso nativo da "boa terra" quanto o mandrião bem-falante, vadio e cheio de si. "Baianada", ato de "baiano", significa, segundo o "Aurélio", fanfarrice ou impostura. Pior: "ação desleal, suja; sujeira, patifaria". Burrice, vacilo, trapalhada. E a força do preconceito não pode ser subestimada. Ambivalência semelhante vigora no Rio de Janeiro, onde os sambas de celebração da Bahia tiveram a sua contrapartida criativa no samba de Sinhô.

O mito baiano é um fato. Caymmi não foi o seu autor. Surgiu avalizado pelo mito, para se tornar um dos seus principais avalistas. Mas nem mesmo um mito é capaz de pairar acima dos condicionamentos histórico-sociais. Ao compor a sua "utopia de lugar", Caymmi agiu num contexto preciso. E é sobre isso que me pergunto aqui: como soou o canto caymmiano em meio às ondas indisciplinadas das novas realidades sociais do Brasil meridional? Para responder à questão, devemos recordar brevemente a Bahia de Caymmi. É numa preamar do movimento mitificador que ela se cristaliza, estrela-do-mar. Se por acaso fosse descrevê-la, David Riesman poderia dizer que ali vigorava "uma apertada tessitura de valores" e vivia uma gente que se movia mais por adaptação do que por inovação. De um lado, Salvador, com sua existência social integrada, recorrente, em relação à qual se podia ainda falar em estilo – e não já em técnica – de vida. De outro, uma Itapuã de rede social primária, articulada em nexos de compadrio e parentesco, mal ultrapassando o limiar da economia de subsistência. Comparativamente, enquanto o Brasil meridional ia a todo o vapor, a Bahia era um barco a vela. Assim é que 1941 é o ano da criação da Companhia Siderúrgica Nacional, mas também o ano de *O Mar* e de *A Jangada Voltou Só*.

O avesso daquela vida baiana estável, ensolarada, carente de disposição metropolitana, podia ser encontrado então numa cidade como São Paulo, reino de urbanitas atirados em levas na poderosa maré do progresso. São Paulo vivia, naquele momento, um intenso processo de redefinição das relações humanas e sociais, mapeando com nervosismo elétrico as realidades emergentes. Na visão de Florestan Fernandes, a cidade experimentava "a desintegração final da ordem social herdada do passado", ao tempo que ia ensaiando, fragmentária e vigorosamente, uma nova integração vital, cuja configuração ainda não se oferecia inteira à contemplação. Não é difícil imaginar como soava aí, na roda-viva dos novos cálculos e paixões, a mensagem idealizante de um Caymmi cálido e ecológico, trazendo, do são sossego azul do sol, a imagem de uma vida itapuãzeira regular e habitual. Um Caymmi que, mesmo em suas referências urbanas à Bahia, recortava seletivamente o espaço citadino, eclipsando as partes afetadas pela "modernidade". E tudo isso com o charme do exotismo baiano, feitiço forte àquela altura, especialmente em meio a atarefados planaltinos interioranos. Sim: a vivência urbanita vem sempre em companhia de sua *walking shadow*. Quando nos metropolizamos, a preocupação em saber se-vale-a-pena-viver-na-cidade se explicita e se coletiviza. Eleva-se à esfera da consciência social (na boa definição de Florestan), momento em que gera, inclusive, fantasias típicas e mesmo movimentos sociais. Abre-se então um terreno favorável ao feitiço do ecológico e do "colonial", com sua paisagem de sobrados e jangadas. E não se deve menosprezar o peso do "exótico" na conta do sucesso de Caymmi.

Mário de Andrade, escrevendo anos antes da estréia de Caymmi, já anotava a confusão então reinante entre o "nacional" e o "exótico". O que se esperava como "nacional", na síntese expressiva de Mário, eram "sensações fortes, vatapá, jacaré, vitória-régia". O "esquisito apimentado", em suma. E Mário soube ver em quanto o "coeficiente guaçú" do exotismo concorrera para o sucesso de Villa-Lobos. Embora Caymmi nunca tenha feito "macumba para turista" (como o Villa-Lobos de *Xangô*), a verdade é que as lentes do etnocentrismo meridional ampliaram ao irresistível o seu "coeficiente axé". Estetizando a vida baiana, Caymmi estabeleceu uma dialética com o pólo urbano-industrial do país. Introduziu elementos de sedução no imaginário meridional, em correspondência com expectativas e mitologias metropolitanas. É assim que vejo suas *ocean reveries* rebrilhando em meio às apressadas novidades citadinas e ao processo econômico de "substituição de importações". Caymmi compôs um universo lírico que foi investido de uma "função utópica", em seus contrastes com as práticas sociais imperantes nos centros urbanos do Brasil meridional. E como a Bahia já fora investida, no contexto da existência brasileira, de um papel especial, podemos dizer que Caymmi encarnou o mito para realçá-lo em circunstâncias históricas concretas.

Diversamente, esta "utopia de lugar" funcionou, em relação à Bahia, como espelho. Os baianos se reconheceram com satisfação na representação estética caymmiana. Era a imagem deles, retocada, que se refletia não no lago mitológico, mas no mar, espelho móvel. Caymmi reforçava a vaidade, a auto-estima dos baianos. Claro: qualquer região cultural se regozija (até de modo masoquista, como no caso de São Paulo aplaudindo Arrigo Barnabé) quando cantada. Principalmente quando bem cantada. E, mais ainda, quando o seu modo de vida, liricamente desanuviado, é apresentado como modelo invejável. E aqui interfere um dado nada insignificante. Caymmi construiu sua "utopia de lugar" longe da Bahia. Sua idealização é influenciada pela distância. *Saudade de Itapuã* e *Saudade da Bahia* explicitam a perspectiva. *Saudade da Bahia*, especialmente, é uma das raras composições caymmianas em que encontramos uma restrição direta ao mundo moderno: crítica da busca de glória e dinheiro, mas sintomaticamente crítica do mundo não-baiano, terna e ingênua insatisfação, nostálgica de uma sociedade fantasiosamente pré-monetária e pré-competitiva.

A constatação é importante. A Bahia de Caymmi é um sonho acordado. Uma imagem suscitada pela memória de um mestre da evocação. E três aspectos devem ser notados aqui. Em primeiro lugar, não só a Bahia teve força de impressão ótica, como Caymmi é um corpo que sabe ver. Em segundo, a imagem ainda não foi esfumada pelo tempo (Caymmi começou a compor *O Que É Que a Baiana Tem* ainda na Bahia). Em terceiro, além do dado temporal, há o grau de investimento afetivo. Esta imagem não se esgarça: mantém-se psicologicamente nítida. A afeição caymmiana impede o seu obscurecimento. Mas o mais relevante, do ponto de vista da idealização aqui examinada, é que a imagem da Bahia, na obra de Caymmi, está a salvo das ansiedades cotidianas. Estas sensações de luz e de cor, de gentes e de gestos, estão todas apaziguadas pela distância. São cromos líricos isentos de conflito.

Instaurou-se assim um espaço narcísico entre a criação caymmiana e a sociedade baiana. É fato que a velha Bahia facilitava a identificação. Havia correspondência entre a experiência social e a representação estética. Evidentemente, a idealização caymmiana nublava os antagonismos concretos da vida social. Mas ao mesmo tempo promovia valores e práticas das camadas mais pobres da população baiana. De modo eficaz, por sinal. Na Bahia da década de 30, por exemplo, o candomblé era caso de polícia. De limpeza pública. Caymmi, a contrapelo, projetava a sua voz sobre um violão quase percutido: "a alodê Iemanjá oê iá". Que agradasse simultaneamente a governantes e candomblezeiros é comprovação de que os caminhos pragmáticos da convivência evoluem de modos muitas vezes insuspeitados pelos manuais de sociologia política. A mágica da música não só enevoava como dissolvia resistências, participando assim da lenta e profunda transformação do comportamento, das convenções, das estruturas da sensibilidade. Hoje, o candomblé baiano é intocável. Impossível excluir Caymmi do processo que provocou esta mudança.

Mas ocorreu ainda um outro processo. A estetização caymmiana expressava não apenas o que a Bahia desejava ser. Mas também o que (em alguns aspectos) a Bahia, de fato, era. O espelho convencia graças ao equilíbrio que mantinha com traços básicos da fisionomia social. Era verossímil. E só vai se estilhaçar em função de mudanças efetivas (e brutais) na vida baiana. Nesse momento se dará a passagem do espaço narcísico ao espaço utópico. Caymmi passará a soar, para os baianos, de maneira muitas vezes semelhante ao modo como soara antes a ouvidos meridionais. E o espelho se estilhaçou, como efeito da redefinição econômica dos papéis regionais, ditada pelo estágio atingido pela economia do Brasil meridional. O que se queria então, como dizem os técnicos, era a homogeneização do espaço econômico brasileiro. Foi aí que a velha Cidade da Bahia dançou. Os passos iniciais foram dados nas atividades de prospecção e refino de petróleo no Recôncavo; na abertura da estrada Rio-Bahia; na política de incentivos fiscais da Sudene. Em conseqüência, a "floresta encantada da linguagem" será afetada irreversivelmente. Maracangalha é a Pasárgada da chamada "era desenvolvimentista". Aliás, na década de 50, Mário Pedrosa se perguntava: Brasília ou Maracangalha? Maracangalha, a partir de então, se converteu em fantasia neo-romântica.

Mas o processo foi algo lento. Só na década de 70 sentiríamos de fato os efeitos da industrialização, da urbanização acelerada, dos fluxos migratórios, da turistização da Cidade da Bahia. Salvador tinha cerca de quatrocentos mil habitantes em 1950 e ultrapassaria a casa dos dois milhões, trinta anos depois. Era previsível que a velha Bahia se transformasse, diante da nova Bahia, em "utopia de lugar". Basta pensar um pouco. No mar, por exemplo. A industrialização baiana aconteceu perigosamente colada ao mar. Em cima dos rios que compõem a bacia hidrográfica de Salvador. Operam hoje, na chamada "Grande Salvador" (um conceito cretino), 250 indústrias potencialmente poluidoras. O mar da Bahia de Todos os Santos se transformou em depósito de metais pesados e produtos petroquímicos. Com o inchamento demográfico e o descaso governamental, as praias estão sujas, superlotadas, prostituídas. Itapuã, como diria o Gilberto Gil de *Punk da Periferia*, é um esgoto só. O mar, quando quebra na praia, é um lixo. E o espantoso é que a cidade não tenha se recomposto. Antes que a "viúva grandiosa", de que falava Zweig, sugere hoje uma espécie de vilarejo com elefantíase. Uma cidade que era naturalmente sedutora se converteu numa profissional da sedução. Seus moradores, bombardeados publicitariamente, mais e mais se comportam como funcionários desavisados da expansão turística. Delitos ecológicos completam o cenário. E aqui bem que se poderia adaptar o comentário caymmiano: Bahia, morena Bahia, você se pintou... Nenhuma surpresa, portanto, que a criação de Caymmi exerça, em relação à Bahia atual, uma "função utópica". E que o velho Caymmi tenha se transformado em referência do ecologismo baiano.

POST SCRIPTUM. O texto caymmiano não é um texto dialético. A sociedade não aparece aí como "totalidade contraditória". Caymmi é a reconciliação lírica da fratura social exposta ao primeiro contato com a vida baiana, embora os dolorosos descompassos sociais não consigam diminuir a alegria do povo que aí vive (a Bahia impressiona pela sua miséria e pelo seu riso). Mas o texto caymmiano nos conduz a dialéticas. Caymmi pode arcaizar Itapuã a ponto de fazê-la retroceder a um estágio primitivo utópico. Mas nisto pode provocar uma dupla condenação da miséria social. De uma parte, por não julgá-la digna de existência poética. De outra, instituindo um mundo que, por sua distância e diferença, aqui chamadas "utópicas", pode se converter em critério de julgamento da sociedade realmente existente. Wilde: "Não merece ser olhado sequer de relance um mapamúndi que não inclua a Utopia". Mas há mais. Caymmi compôs sua "utopia de lugar" (o conceito é do ensaísta polonês Jerzy Szachi) sobre o registro da existência de uma comunidade. É alto o valor desse condensação estética de um modo de vida. "Somente isso seria bastante para justificar a sua [do poeta] existência perante a sociedade", diz Mário Faustino numa reflexão geral sobre a poesia, sem se esquecer de chamar a atenção para aquela "outra utilidade como que ontológica" do poema: "A simples beleza, a mera consciência da dignidade da espécie que um poema automaticamente comunica aos homens, seria suficiente para merecer-lhe as honras da humanidade". Os brasileiros podem pensar assim, assim pensam, de Caymmi. E Victor Hugo: "À beleza basta ser bela para fazer bem".

ESCRITA SOBRE O MAR
Em Parceria com Tuzé de Abreu

Nosso objetivo, neste breve estudo, é destacar didaticamente procedimentos poético-musicais de Dorival Caymmi numa composição particular. A escolha de *O Mar*, canção praieira gravada em 1941, não obedeceu a nenhum motivo técnico especial, mas a um critério subjetivo. Resolvemos analisar ligeiramente, ainda que de um ponto de vista estrutural, a composição de Caymmi de que mais gostávamos. A escolha demorou entre *Dora* e *O Mar*. Como não estávamos dispostos a empreender duas análises, coisa que poucos leitores acompanhariam de bom grado, ficamos com *O Mar*. O didatismo pretendido poderá nos enveredar por explicações que entediem os entendidos. Mas procuramos tornar a leitura o mais agradável possível, inclusive evitando cansar o eventual leitor com um mapeamento microestrutural exaustivo da composição caymmiana.

Há um outro detalhe. Depois de feita a análise, consultamos Caymmi por telefone, quando ele nos disse que gravou *O Mar* em mi maior (E). Devido à baixa qualidade das gravações brasileiras daquele período, é mais difícil "tirar" corretamente uma composição caymmiana ao violão do que deve ter sido, para ele, compor esta mesma canção. A percepção em "ré" é muito provavelmente provocada por alterações nas rotações das fitas e matrizes originais. Daí a dificuldade em entender certas posições no violão, cuja afinação normal é extremamente afim da tonalidade em "mi". Qualquer referência a notas e cifras musicais poderá ser lida, portanto, um tom acima. Foi a solução encontrada para tocar aqueles acordes, naquela seqüência, inclusive abaixando o bordão de "mi" para "ré". Do modo como Caymmi gravou, ele praticamente redescobriu o ovo de Colombo.

A descrição estrutural de uma composição como *O Mar* pode ser feita por meio de sucessivas segmentações. O que temos, em primeiro lugar, é uma introdução exclusivamente instrumental, em modulações cromáticas. É um anúncio musical, anterior ao corpo da canção (ao organismo texto-música), do que virá. Mas este anúncio, nas cordas do maravilhoso violão de Caymmi, é da maior importância. O que ouvimos é um adágio que vai ralentando em direção ao grave. Mesmo a entrada no tecido da canção – "o mar..." – ainda está no grave, aí flutuando *ad libitum*. E o andamento grave, como se sabe, é o andamento das músicas mais pomposas e solenes. Um andamento até funesto, podemos dizer. O exemplo mais fácil, que agora nos ocorre, é o da *Marcha Fúnebre* de Frédéric Chopin. Mas em Caymmi, em *O Mar*, o grave é apenas um efeito, não a meta. Ocorre num período musical curtíssimo, saindo de um lá menor para vir subverter a tonalidade clássica. Não há nada que nos impeça de fazer aqui uma referência ao impressionismo europeu. Caymmi é surpreendente. Embora *O Mar* seja uma composição decididamente tonal, esta introdução instrumental nos deixa no ar. Ficamos sem pistas, por assim dizer. Se alguém ouvir a introdução separadamente, jamais conseguirá adivinhar o que virá em seguida. Tonalmente, o último acorde abre para um caminho imprevisível. O ouvinte se sente envolvido pela música, mas é incapaz de distinguir um centro tonal. Não há uma cadência tonal dirigida. Pelo contrário, a expectativa é indefinível:

Há algo de meio espanholado, remetendo de alguma forma ao *flamenco*, na definição final da cadência. Em vez de vir da dominante para a tônica (no caso, ré maior), Caymmi usa a tônica alterada, meio-tom abaixo, como dominante (dó sustenido maior com sétima para cair em ré maior). No mais, a harmonia é de uma simplicidade extrema. "O mar, quando quebra na praia, é bonito." A construção é ao mesmo tempo primitiva e sofisticada. De uma sofisticação e de um primitivismo intrínsecos. Caymmi permanece no mesmo acorde por um tempo inusitado, coisa que jamais aconteceria na armação tonal comum. Além disso, ele sempre usa, ao longo da composição, a dominante substituta, não a regular. O que remete, uma vez mais, ao impressionismo.

Mas vejamos de uma outra perspectiva, desta vez mais semântica, esta introdução instrumental. Indo do adágio ao grave, temos uma intensa atividade interna. Caymmi intervém sem cessar na métrica. No tecido musical. E estas modificações episódicas, estas alterações passageiras, possuem, como diziam os poetas concretistas, uma função "fisionômica". São avanços e recuos, precipitações e retardamentos, em ondulações cromáticas, que se constituem numa espécie de "ícone", no sentido da terminologia semiótica. Caymmi consegue reproduzir, recriando-o na própria disposição dos signos, o movimento da maré. O que ouvimos é a trama das ondas e das ondinas, o desenho caprichoso das ondulações marinhas. E assim somos levados, sensivelmente, a uma espécie musical elevada e dolorida. Mas esta vagarosidade sombria, encerrando a introdução, antecipa, com rara funcionalidade, o que está para acontecer. Caymmi nos prepara ideoemocionalmente para a natureza dramática dos eventos que narrará em seguida.

Vejam o cromatismo dessa beira de mar:

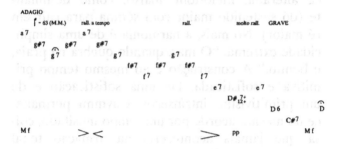

A partir da introdução, podemos segmentar em três partes a composição caymmiana. *O Mar* é uma espécie de suíte portátil. Mas só depois da introdução instrumental é que entramos na canção propriamente dita, "motz e.l son", organismo semiótico em que palavra e som são inseparáveis em sua encarnação material. E Caymmi, como disse Caetano Veloso, é "a mãe da palavra cantada". Viajamos, para lembrar o verso de Walt Whitman, nas suas *liquid-flowing syllables*.

A canção começa e termina do mesmo modo, em termos lingüísticos e musicais: "o mar, quando quebra na praia, é bonito". Este é o tema. O eixo da composição. Marca inclusive, com esta sua função axial, as mudanças estruturais de verbo e música. E o que fica explicitado, em tal disposição, é que o mar emoldura o drama humano. Há uma sugestão de eternidade aí. Mesmo porque a emissão de "o mar" é aberta, em termos de tempo musical (também em *Promessa de Pescador*, Caymmi diz "maaaaar", deixando que a palavra se prolongue pelos compassos; é como se o mar impusesse os seus próprios acordes). Temos então a experiência humana como uma espécie de acidente na permanência da biosfera. O cenário é majestoso: ações se passam, se desdobram, mas o mar permanece, grandioso e belo. Podemos dizer que o tema poético-musical presentifica o mar. E o caráter "fisionômico" da introdução instrumental é reforçado ao menos em duas oportunidades. Em primeiro lugar, a própria duração na emissão de "o mar" já sugere a vastidão da massa marinha. Em segundo, temos um agrupamento fonético significativo. Além de "quando" (onde vemos um anagrama de "onda"), o sintagma "queBRA na PRAia", trazendo fonemas oclusivos, seguidos de vibrante e vogal aberta, de certa forma reproduz o baque das ondas na beira do mar.

Deixando de lado o tema, topamos com um comentário geral sobre o perigo maior na vida de uma comunidade pesqueira (notem a ausência de qualquer esquema de rimas):

> Pescador quando sai
> nunca sabe se volta
> nem sabe se fica...
> Quanta gente perdeu
> seus maridos, seus filhos
> nas ondas do mar...

Este comentário é, musicalmente, uma variação do tema, usando inclusive as mesmas relações de intervalo. Caymmi nos previne, em termos genéricos, para o drama que em seguida pormenorizará. Não podemos dizer que a morte no mar seja acidental numa comunidade pesqueira. Como diz Câmara Cascudo, morre no mar quem dele vive. Quem quer que conheça uma aldeia de pescadores está familiarizado com esta quase-rotina trágica. Depois desse comentário, voltamos ao tema: "o mar, quando quebra na praia, é bonito". E só então Caymmi nos introduz, sem mediações, na parte propriamente descritiva. Esta é tecida em frases rítmicas. Ou mais exatamente: o ritmo passa a predominar sobre a melodia e a harmonia. É intensamente marcado. Mas é curioso: trata-se de um samba mais "primitivo", um samba bem baiano, que não pertence ao universo do samba carioca. Sua característica é a marcação regularíssima, com uso-abuso do chamado "grupo peônico":

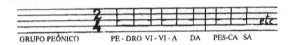

GRUPO PEÔNICO   PE - DRO VI - VI - A   DA   PES-CA SA

Caetano Veloso viu bem:

"No fundo o que gerou muita confusão foi o fato de o gosto poético musical de João ser aquele que só vamos encontrar realizado em Caymmi, compositor. Isto é, uma forma muito mais próxima dos sambas da Bahia do que do sambão. Muitos acreditaram que o negócio era basear-se nessa diferença, e alguns – porque, de resto, o grande sambista Dorival Caymmi nunca foi devidamente reconhecido em sua grandeza – acusaram João de assassino do sambão, para eles o único verdadeiro samba.

Caetano está correto. O samba de Caymmi é outra coisa. Trata-se de uma reformulação do samba da Bahia. Não é sambão.

Mas voltemos a *O Mar*. Depois da estrofe final da parte descritiva ("pobre Rosinha de Chica"), que se individualiza musicalmente por uma alteração no andamento, Caymmi retorna ao tema, arredondando a composição.

Vejamos agora, com mais detalhes, a parte que chamamos "descritiva". Nesta seqüência, observaremos como Caymmi, construindo um samba supostamente "primitivo", continua um compositor dotado de um extraordinário sentido da estrutura do objeto artístico. Seja no terreno especificamente musical, seja no plano verbal, seja no campo das relações entre palavra e som. Ele cria organismos que se caracterizam por aquela "fragilidade" que Max Bense dava como distintiva da informação estética. Isto é: organismos que não admitem recodificações, digamos assim, cuja mensagem reside na própria configuração material dos signos. Organismos que, submetidos a uma reelaboração dos seus termos, perderiam todo o seu fascínio.

Esta parte "descritiva" é composta de cinco estrofes. Vamos relembrá-las:

1. Pedro vivia da pesca
saía no barco
seis horas da tarde
só vinha na hora
do sol raiá

2. Todos gostavam de Pedro
e mais do que todos
Rosinha de Chica
a mais bonitinha
e mais bem feitinha
de todas mocinha
lá do arraiá

3. Pedro saiu no seu barco
seis horas da tarde

passou toda a noite
não veio na hora
do sol raiá

4. Deram com o corpo de Pedro
jogado na praia
roído de peixe
sem barco, sem nada
num canto bem longe
lá do arraiá

5. Pobre Rosinha de Chica
que era bonita
agora parece
que endoideceu:
vive na beira da praia
olhando pras ondas
andando... rondando...
dizendo baixinho
morreu... morreu...
morreu... oh...

Nesta parte "descritiva", alguns nexos internos se revelam. As quatro primeiras estrofes estão delicadamente separadas da estrofe 5. Aquelas figuram o drama centralizado em Pedro e mantêm uma coesão própria. Apresentam ainda a mesma configuração musical. O que varia é a disposição sintática, o tom e o número de tijolos empregados na construção. A estrofe 5, ao contrário, está centrada na desolação de Rosinha de Chica, além de se singularizar por uma mudança de andamento e pelo abandono do eixo central de sustentação fonética (a convergência "raiá/arraiá" que une as estrofes 1, 2, 3 e 4).

Depois dessas cinco estrofes, Caymmi retorna pela última vez ao tema. Mas com uma diferença: nesta repetição final, Caymmi faz a única cadência perfeita, nos moldes tonais, embora termine de modo não muito usual, com um estranho ré com nona – G g D D 9.

Mas vamos por partes. Embora as quatro primeiras estrofes apresentem uma coesão óbvia, apresentam também uma subdivisão interna. As estrofes 1 ("Pedro vivia da pesca") e 3 ("Pedro saiu no seu barco") estão entrelaçadas, como entrelaçadas estão as estrofes 2 ("Todos gostavam de Pedro") e 4 ("Deram com o corpo de Pedro"). Estes entrelaçamentos, como se verá, não são gratuitos ou artificiosos. Pelo contrário, trata-se de uma estruturação de extrema funcionalidade estética. As estrofes 1 e 3 iluminam a ação de Pedro. As estrofes 2 e 4 focalizam os moradores do povoado pesqueiro. Aos deslocamentos do foco narrativo correspondem alterações musicais. Vejamos então de que modo é tecida a solidariedade entre tais estrofes. Elas estão ligadas, como dissemos, não apenas por meios musicais, mas também através de nexos semânticos e sintáticos, do ponto de vista verbal.

As estrofes 1 e 3 começam e terminam da mesma forma: "Pedro... raiá". É no interior desta moldura vocabular que se passa a ação. Ação da qual Pedro é o sujeito. Esta correspondência se manifesta ainda na reiteração vocabular. Caymmi praticamente repete as mesmas orações. E não é preciso fazer nenhum esquadrinhamento microestético para demonstrar que a tessitura verbal se baseia em afinidades fonéticas. Destaca-se logo, no estrato sonoro de ambas as estrofes, uma cadeia fônica sibilante. A diferença mais saliente, entre uma estrofe e outra, diz respeito ao tempo da ação. Na primeira estrofe, temos o pretérito imperfeito; na segunda, o pretérito perfeito. Uma caracteriza a rotina; outra particulariza um momento dessa rotina: o acidente marítimo. É a oposição entre "só vinha", com sua idéia de continuidade, e "não veio", com sua idéia de ruptura – oposição frisada pela similaridade das construções verbais (advérbio + verbo) e de suas posições frásicas. Em termos musicais, as estrofes 1 e 3 são inextrincáveis. São musicalmente idênticas até no tom.

Do mesmo modo, as estrofes 2 e 4 estão vinculadas em termos simultaneamente verbais e musicais. Pedro já não é mais o sujeito da ação. Passa do sintagma nominal para o sintagma verbal. Também estas estrofes começam e terminam de forma semelhante. O sujeito é indefinido, ou indicado apenas pela desinência verbal. E ambas se encerram com o mesmo vocábulo: "arraiá". Musicalmente, em equivalência com a mudança do foco narrativo, estas estrofes vêm um tom abaixo e apresentam maior número de notas e sílabas. Enquanto a estrofe 1 tem 30 notas, a estrofe 2 tem 42. A diferença de tom pode ser ilustrada grosseiramente assim:

```
Pe dro      via...
                    Todos    ta...
         vi
                                 gos
```

Antes de prosseguir, vamos nos deter no eixo de amarração fonética dessas quatro estrofes: "raiá/arraiá". Caymmi, ao longo da letra, não segue a "norma culta" da língua. Já em "de todas mocinha" (estrofe 2), por exemplo, ele suprime o artigo (assimilando-o a "todas") e usa o singular com função plural ("mocinha" por "mocinhas"). Em "raiá/arraiá", o desrespeito continua. Ou melhor: antes que à "norma", Caymmi prende-se à fala. Deixa cair o "r" final de "raiá" e o "l" final de "arraiá" (uma outra característica da fala brasileira é preterida: a tendência do "l", em final de sílaba, é ser vocalizado: à exceção dos gaúchos, dizemos "nacionau". Em *A Jangada Voltou Só*, Caymmi também prefere a forma "natá" em vez de "natau"). Foneticamente, "raiá/arraiá" não soa áspero; Caymmi vai no "r" baiano, que é *voiceless*, sem vibração das cordas vocais.

Mas o que mais interessa não é isso. Podemos, com base nesse detalhe microestético, levantar uma outra questão: a da poesia da palavra cantada. A palavra cantada tem uma semiótica própria. Já não é a palavra no estado da língua natural, e muito menos a palavra escrita. Lembrem o que Jorge Ben conseguiu fazer com um nome próprio, Xica da Silva, combinando procedimentos de reiteração e segmentação (xicadá, xicadá). Aliás, a reiteração é um recurso exaustivamente usado na poesia da palavra cantada: "é dengo, é dengo, é dengo, meu bem, é dengo que a nega tem".

Os poetas têm perfeita consciência disso. "O que me interessa é a palavra cantada", diz Caetano Veloso, acrescentando: "A palavra cantada é um outro tipo de matéria-prima, que tem a ver com a palavra escrita e a falada, mas que não se reduz a nenhuma delas". Comenta Joyce: "Palavra cantada é palavra voando". E Augusto de Campos, em sua "prosa porosa", escrevendo sobre Torquato Neto:

a palavra cantada
não é a palavra falada
nem a palavra escrita
a altura a intensidade a duração a posição
da palavra no espaço musical
a voz e o modo mudam tudo
a palavra-canto é outra coisa

Dizer que Caymmi rima "raiá" com "arraiá" não está errado. Mas dizer apenas isso é perder o essencial. "Raiá/arraiá" não formam apenas uma rima, ou um eixo rímico, grupo de células sonoras que se repetem nos finais das estrofes. Se levarmos em conta a semiótica da palavra cantada, veremos que, para soldar este trecho da parte "descritiva", Caymmi criou uma pequena e funcional constelação fonológica. Se quisermos ter, por escrito, uma idéia aproximativa de como esta pontuação fônica existe no espaço musical, teremos que compor uma espécie de mini-quase-poemeto-concretista:

ra

ra

ar

iá

iá

Aliás, a rima não é importante na poesia caymmiana. Ouçam a primeira parte de *A Preta do Acarajé*: ao contrário do "teixugo estético" de Morgenstern, Caymmi não é um animal que aja por amor à rima. Rima é reiteração regular de células fônicas nos terminais de verso; uma redundância sonora localizada. Ou, como diz Joyce: "Rima: dois homens vestidos iguais, parecendo o mesmo, dois a dois". Na poesia caymmiana, o que interessa não é a recorrência rímica, a repetição de partículas sonoras em lugares fixos, mas o procedimento sônico geral: a trama de aliterações, assonâncias, anagramas, etc., disseminados ao longo da superfície textual:

>...suA DORA AGORA vai passar...
>MaRiNa, MoReNa, MaRiNa...
>é quANDO se ouve... o rONco DAS ONDAS...
>...da lida da vida obriga...
>...nAS SAcAdAS dOS SObrAdOS...
>...eu NÃO atiNAVA em NADA...
>DEZ HORAS da noite na rua DESERTA
>coberta de contas/ pisando nas pontas
>...morada da moça do mar...
>...Vestido de Veludo pra Você...
>NEM NO rEMO sei pegar...
>...E aSSIm adormECE ESSE homem...

São sons associados. Agrupamentos fonéticos selecionados. Não queremos com isso dizer que Caymmi não rime. Rima, sim, e de formas variadas. Em *O Bem do Mar* e *A Jangada Voltou Só*, ele rima palavra-com-palavra, "rancho" com "rancho", por exemplo. Em *A Lenda do Abaité*, faz uma rima maravilhosa: jangada/pancada. Como também faz rimas banais, tipo mar-luar. O que queremos acentuar é que a preocupação de Caymmi não é exatamente com o esquema rímico. Vejam o jogo usar/azul em *Vestido de Bolero*. Seria mais correto dizer que Caymmi trabalha com harmonias fônicas. *O Mar* é um bom exemplo. Há um rígido esquema rímico unindo quatro estrofes (rima de estrofe a estrofe). Mas Caymmi cuida da música das palavras em extensão maior. Veja-se a primeira estrofe da parte descritiva. A textura sonora é rica. Temos a aliteração pedro-pesca, a cadeia sibilante (pesca-saía-seis-horas-só-sol), a repercussão de "vivia" em "vinha", o encontro silábico bARco-tARde, etc. Na penúltima estrofe, temos a seqüência pedro-praia-peixe, a tessitura paronomásica corpo-de-pedro/roído-de-peixe, e assim por diante.

Caymmi tem uma espécie de intimidade tátil com as palavras: "Ô vento que ondula as águas / eu nunca tive saudade igual". E chega a formações que parecem sonoristas: laduarraiá (*O Mar*), praiaiá (*Pescaria*), (cebo)laiaiá (*Vatapá*). Aliás, *Vatapá* é um exemplo soberbo. Um "samba-receita" composto em linguagem deliciosa, sábia no trato com os fonemas, no jogo das vogais abertas e fechadas, no amaciamento ou mesmo ausência de "rr" vibrantes ou rascantes – linguagem que se desmancha na boca, verdadeiro vatapá lingüístico, com a castanha das consoantes.

Um outro aspecto merece destaque. Relembremos parte da estrofe 2:

Ros*inha* da Chica
a mais bonit*inha*
e mais bem feit*inha*
de todas moc*inha*
lá do arraiá

Mesmo a pessoa distraída percebe o quanto Caymmi, nas canções praieiras, é useiro em "inhos" e vezeiro em "inhas": filhinho, caminha, peixinhos, conchinhas etc. Trata-se de um aspecto microestético de sua poesia itapuãzeira. O sufixo diminutivo é um dos talismãs de Caymmi: uma espécie de talisca verbal imantada, produzindo efeitos de grácil magia poética. Caymmi o emprega com tal freqüência – nas canções praieiras, repetimos – que acaba contaminando palavras que, embora não derivadas por sufixação, possuem identidade fonética final com o diminutivo.

Rodrigues Lapa observa que enquanto o prefixo tende para o intelectual, o sufixo transpira sentimento. Não há dúvida. O prefixo antecipa um sentido lógico, conceitual. Basta pensar em algumas palavras formadas por prefixação como "antediluviano", "dessemelhante", "comigo". O que temos são idéias de tempo, negação, companhia. Esta retidão semântica não vigora entre os sufixos. Estamos aqui no campo emocional. Lapa lembra que os matizes afetivos não são radicalmente estranhos aos prefixos, desde que conceitos de negação e intensidade, por exemplo, deixam-se levar, em graus variáveis, por "movimentos da sensibilidade". Mas o certo é que os prefixos são fundamentalmente "instrumentos intelectuais e não propriamente afetivos".

Já os sufixos têm, na grande maioria dos casos, "valor sentimental". Daí sua polissemia. Uma expressão como "antediluviano" é unívoca. Mas e "namoradinha" quer dizer exatamente o quê? Apreço, desdém, aversão? Depende. "Maridinho" pode expressar ironia ou carinho – além disso, mas não necessariamente, pequenez física. Embora forme diminutivos, o sufixo nunca está preso à dimensão material do seu referente. Quando a mãe diz que seu filho "tá mais gordinho", o diminutivo roça o aumentativo. Quando Guimarães Rosa, num maravilhoso enxerto verbal, escreve "amormeuzinho", ninguém supõe que a rapariga seja minúscula, ou o amor, mínimo. (Note-se, aliás, em *O Mar*, o contraste entre o diminutivo e o superlativo relativo: "a mais bonitinha de todas mocinha".) Isso não vale para todos os sufixos, evidentemente. "Eco", por exemplo, é invariavelmente depreciativo. "Inho" é um sufixo especial. E o favorito de Caymmi, que nunca o emprega em tom de mofa ou de galhofa, mas sempre como diminutivo de ternura.

Há quem não goste. Muitos reclamam que o uso de sufixos diminutivos amolece o estilo. Há mesmo quem fale, não sem uma ponta de ironia, que eles feminizam e infantilizam a língua. Mas a verdade é outra: o uso do diminutivo requer perícia. O diminutivo não é simplesmente uma espécie de celulite verbal, concorrendo invariavelmente para a flacidez do estilo. Pode também ser gracioso. E por aí se chega à delicadeza lírica. Ao singelo. Se lembrem daquela "caminha macia, perfumada de alecrim", do *Adeus da Esposa*, em *História de Pescadores*. Ou reouçam a descrição da Rosinha de Chica em *O Mar*. Ninguém escreve assim sem uma grande sabedoria verbal. Mesmo porque o singelo, na poesia como na vida, não é nada fácil de acontecer. Trata-se de um equilíbrio difícil e delicado. Qualquer milímetro a mais e se cai na melosidade amanteigada. E não foi apenas por acaso que *singelo* veio do latim vulgar, palavra nascida na fala do povo e não na escrita douta – o singelo será sempre, ou quase sempre, uma jóia lavrada nos generosos terrenos da vulgaridade. Mas, seja como for, o singelo só nos acontece em estado de graça. Foi em estado de graça que Caetano Veloso compôs *Leãozinho*.

Ezra Pound discorreu sobre a "dureza" – qualidade "que é quase sempre uma virtude" – e a "suavidade" – qualidade "que nem sempre é um defeito" –, em poesia. No critério poundiano,

Caymmi seria principalmente *soft*. Ele pode ser *hard*, como na rigorosa geometria verbal de passagens de *O Vento* e *Pescaria*. Uma das coisas boas de sua poesia, por sinal, é a transição direta, sem gradações, do *hard* para o *soft*. Em *Pescaria*, a dureza da quadra "cerca o peixe, bate o remo, puxa a corda, colhe a rede" é seguida pelas doces promessas de presentes "pra Chiquinha e pra Iaiá". Mesmo a dureza caymmiana é relativa. Podemos dizer de Caymmi o que Pound disse de Landor: não é uma dureza áspera. Não só pelo fato de falarmos uma língua *soft*, como graças ao modo de ser da palavra no espaço musical, a dureza de Caymmi é, paradoxalmente, uma dureza suave.

Finalizando a parte "descritiva", a estrofe 5 – "Pobre Rosinha de Chica..." – é singular. Rosinha já aparece na estrofe 2, em meio ao povo do arraial, mas sua figura é destacada: ela é a pessoa chamada pelo nome próprio e ocupa quase toda a extensão da estrofe. Caymmi recorta ela e Pedro contra o fundo indiferenciado da comunidade pesqueira. Agora, na estrofe 5, ela se desprende totalmente da massa comunitária. Tem uma estrofe só para ela, onde Pedro já não é mais sujeito, nem objeto. Mas Caymmi cria não apenas um vínculo verbal entre as estrofes 2 e 5. Cria também um vínculo musical entre as estrofes ímpares. Este vínculo está no tom. A estrofe 5 remete às estrofes 1 e 3:

>   Pe   Po
>   dro   bre

E há um detalhe sutil aqui. Pedro está ausente

da estrofe 5, mas ele é a razão da loucura de Rosinha. Caymmi faz com que ele esteja como que espectralmente presente na estrofe 5. Não apenas pela vinculação no plano do tom. O adjetivo que exprime o estado em que se encontra Rosinha – "pobre" – faz uma alusão fonética ao motivo da sua depressão. O nome de Pedro repercute, semi-anagramatizado, no adjetivo. É assim, em resumo, que Caymmi cria uma convergência das quatro primeiras estrofes descritivas em direção à estrofe 5. Mas não é só. *O Mar* é uma composição de invejável inteireza. Caymmi faz ainda com que o início da canção, anterior à parte descritiva, também vá se refletir na estrofe 5, para que tudo finalmente se resolva no retorno temático.

É aqui que a estrofe 5 se singulariza musicalmente no conjunto descritivo. A estrofe traz uma alteração no andamento. A partir do vocábulo "ondas" (que prossegue, anagramatizado, em "andando, rondando"), o samba se esgarça. A composição vai ralentando em direção ideal ao grave, no sentido do reencontro com a imponência e a dor anunciados na introdução instrumental. Daí, inclusive, que esta estrofe abandone a armação rímica do samba: em vez das vogais claras, alegres, de "raiá/arraiá", temos os fonemas sombrios de "morreu, morreu". E o ralentamento deságua no tema, quando "o mar" já começa no grave, aí ficando *ad libitum*.

É uma canção estupenda. Caymmi é excepcional, semantizando os elementos formais para criar uma solidariedade fundamental entre os planos do conteúdo e da expressão. Com sua voz de baixo, com seu violão maravilhoso, vai do impressionismo, escapando ao padrão da tonalidade clássica, ao samba do povo da Bahia. Impressiona pela beleza das suas frases orgânicas, pela fluência e sonoridade do discurso, pela plasticidade do verso. E ainda nos brinda, na repetição final do tema de *O Mar*, com mais um interessante efeito colorido. Milenar e moderno.

Gostaríamos, por fim, de combater um mito que se criou em relação à poesia caymmiana: o mito da "espontaneidade". O coloquialismo caymmiano costuma obscurecer o fato de que Caymmi é um artesão verbal consciente e paciente, como se o coloquialismo não fosse uma questão de estilo, ou como se a "espontaneidade" não fosse uma questão de método. Do contrário, Caymmi, leitor da García Lorca, não levaria às vezes anos para compor uma canção. Escreveria um poema por dia. Caymmi é cristalino, coloquial, mas nunca desleixado.

Muitos dos versos de Caymmi, tomados isoladamente, são simplesmente "prosaicos". Mas em poesia, como em pintura, uma linha não pode ser tomada isoladamente: ela só funciona em relação com as outras. Esses versos "prosaicos", quando situados na arquitetura geral dos textos, revelam-se extremamente poéticos. É o que vemos em *Rosa Morena, Dora, Vestido de Bolero*, etc. Caymmi chega assim, se se quiser, a uma espécie de "prosaísmo poético". Mas preferimos ver de outro modo: lirismo finamente destilado. O que causa confusão é que são raros os procedimentos ostensivamente poéticos na poesia de Caymmi, como em *Das Rosas* ("são muitas, são tantas, são todas tão rosas") ou em *Sargaço* ("sargaço mar – sargaço ar"). Ou como em *Horas*, onde encontramos um sugestivo "passaram-se agoras", Caymmi empregando o advérbio de tempo, no plural, convertido em substantivo. Por outro lado, simplicidade e "função poética" não são inimigas. Ouçam a cantiga: "ciranda cirandinha, vamos todos cirandar, vamos dar a meia-volta, volta e meia vamos dar". Esta estruturação lingüística não pertence ao domínio do discurso prático característico das comunicações cotidianas.

As canções caymmianas têm uma fluência incomparável, mas isto porque Caymmi sabe achar – "trobar" – os caminhos por onde conduzir a sua imaginação. E isto é confirmado ao primeiro contato com o texto caymmiano. Veja-se o caso de *Pescaria*. É de uma simplicidade exemplar, mas vigorosa e precisa:

    cerca o peixe
    bate o remo
    puxa a corda
    colhe a rede

Em sua rigorosa correspondência sintática e em suas equivalências fonéticas, a quadra mais sugere a atualização de um paradigma (onde, aliás, encontramos uma curiosa inversão de letras entre o primeiro e o terceiro versos: CeRca o PeiXe/ PuXa a CoRda – CRPX/PXCR). E a seleção fonossemântica, no eixo paradigmático da linguagem, revela a intenção poética. Do contrário, a personagem caymmiana poderia ter ido de chapéu de couro convidar Arlete para um passeio em Moji das Cruzes... e não teríamos *Maracangalha* (povoado, aliás, onde Caymmi nunca pôs os pés: ele foi atraído pela sonoridade do topônimo, ao qual agregou sintagmas foneticamente pertinentes – e o nome disso é poesia). Tais equivalências fonossemânticas e acoplamentos sintáticos podem ser vistos em vários outros textos de Caymmi. Poesia é linguagem formalizada e ele sabe disso. Ele conhece as minúcias do seu ofício: trabalha com "estruturas de comunicação que se sobrepõem ao nível lingüístico natural", como diria Iuri Lotman.

Um texto como *O Vento* encerra o assunto. Sua estrutura é extremamente econômica – e de uma precisão geométrica. Aqui podemos, como diria Rimbaud, cumprimentar a beleza: o chamado ao vento descaindo num assovio de belo desenho melódico. E o ritmo! A prosódia é límpida e de notável funcionalidade. Vem em dáctilos e troqueus até a referência ao peixe, "curimã", destacado acentualmente pelo anapesto. A correspondência entre ritmo e sentido é concreta, textural. E é muito feliz a disseminação do fonema /v/ ao longo da canção. Este fonema sonoro, soprado entre os lábios, produz um efeito acústico que recria o movimento eólico. É como se o vento ventasse na canção. Além disso, nas estrofes centrais, Caymmi repete a mesma palavra em cada fronteira de verso:

> vento que dá na *vela*
> *vela* que leva o *barco*
> *barco* que leva *gente*
> *gente* que leva o *peixe*
> *peixe* que dá dinheiro...

De um substantivo a outro, vamos entrando no mar. Entra-se no mar como o substantivo entra na estrofe. É esta duplicação verbal estratégica que, projetada no espaço musical, confere ao texto a sensação de movimento. E insistimos no que já dissemos: a economia verbal, com a ausência de qualificativos. Caymmi retratou em *O Vento*, de modo conciso, a ambivalência que preside à relação do pescador com o vento. Este tanto pode ser o aliado que conduz ao pesqueiro (vento que *leva* o barco), quanto o inimigo que ameaça a vida dos marítimos (vento que *vira* o barco). A ambivalência é indicada por uma única e simples alteração verbal – e nossa querida Gal Costa, gravando recentemente a composição, não percebeu o detalhe fundamental: virou o barco duas vezes, liquidando qualquer possibilidade de vida pesqueira...

A ausência de qualificativos é igualmente notável. *O Vento* é construído basicamente com vento e substantivo, numa colocação limpa e lógica das palavras. O mar caymmiano – apesar do "é bonito" de *O Mar* – não é um mar adjetivável. Comparando-o com a abertura da *Iracema*, de José de Alencar, ficamos com a impressão de que o texto caymmiano é um texto despido. Um corpo verbal nu e saudável. Se Alencar vê o mar cintilando "como líquida esmeralda", Caymmi o descortina apenas mar – "mar o mar", como disse Guimarães Rosa. "O bem do mar é o mar é o mar." Estranho ainda porque o mar, em longa tradição literária, é um ímã de adjetivos. Verdade que a adjetivação pode dar em maravilhosas construções poéticas. Mas também pode comprometer. Caymmi, evitando o adjetivo, não corre ao menos o risco de trair o mar. Situa-se no plano da aparência limpa, escapando assim a qualquer enjoado sentimentalismo. Por aí, Caymmi pode ser extraordinariamente cristalino. *Quem Vem pra Beira do Mar*, por exemplo, é de uma limpidez comparável à beleza puríssima das cantigas de Martim Codax, o jogral que viveu na Galizia aí pelo século XIII, cantando as ondas do mar de Vigo.

Mais desconcertante ainda é que a mais apreciada das figuras de retórica, a metáfora, muitas vezes tida pelos teóricos como traço distintivo da linguagem poética (honraria que lhe foi concedida, em especial, pela escola romântica), não faça sequer uma única aparição no pequeno e maravilhoso conjunto das canções praieiras de Dorival Caymmi.

Pode o leitor finalmente perguntar se o texto caymmiano (ou a música caymmiana) é fruto de uma ação premeditada, sob controle lógico, ou se os mecanismos da criação funcionam "automaticamente". Uma coisa e outra – é a resposta. A produção estética não é estranha à racionalidade. Ao mesmo tempo, a técnica da arte, como aprendemos com a psicanálise clássica, está enraizada nos chamados "processos primários" da vida inconsciente. Roman Jakobson assinalou, com argumentação convincente, o que ele chamou "configuração verbal subliminar em poesia". E chamando a nossa atenção para a existência dessa "latência verbal intuitiva", escreveu:

> Tanto um cálculo de probabilidade quanto um trabalho acurado de comparação de textos poéticos com outras espécies de mensagens verbais demonstram que as peculiaridades marcantes dos processos poéticos de seleção, acumulação, justaposição e distribuição das diversas classes fonológicas e gramaticais não podem ser considerados acidentes desprezíveis regidos pela lei do acaso. Qualquer composição poética significativa, seja um improviso, seja fruto de longo e árduo trabalho de criação, implica escolha do material verbal, escolha esta orientada num sentido determinado.

E mais:

A intuição pode atuar como principal ou, ocasionalmente, única responsável pela arquitetura das complicadas estruturas fonológicas e gramaticais na obra dos poetas individuais. Tais estruturas, poderosas particularmente em nível subliminar, podem funcionar sem qualquer espécie de assistência da reflexão lógica e da apreensão manifesta, tanto no trabalho de criação do poeta quanto na sua percepção pelo leitor sensível.

Note-se, ainda, que estas estruturas são trabalhadas e transmitidas através de gerações.

APÊNDICE: UMA TEORIA DA CULTURA BAIANA

Vamos falar de cultura baiana. Mais precisamente, de uma certa configuração histórica desta cultura ou subcultura de uma região de características nitidamente próprias: a Bahia.

Mesmo os que conhecem pouco o Brasil sabem reconhecer, com naturalidade, que a história nos fez semelhantes mas diversos. Identificamos, sem maior esforço, a pertinência de Luís Gonzaga, Lampião ou padre Cícero à cultura nordestina, assim como referências à panema ou ao xerimbabo nos remetem a particularidades da formação etnocultural do vale amazônico. A tenda brasileira é ampla, variada, colorida. E – às luzes às vezes confusas do seu abrigo – alguns elementos e práticas culturais são percebidos como "baianos". O que significa isso? É o que vou tentar esclarecer nas próximas páginas, mapeando em linhas gerais o processo básico de formação desta cultura ou subcultura baiana. Não em sua duração e significação globais, bem entendido. Mas numa abertura em perspectiva, capaz de providenciar coordenadas que, a partir de um balizamento contextual, facilitem o entendimento de nossa personalidade criativa. Não tenho a menor dúvida de que esta cultura ou subcultura baiana pode ser intuída num lampejo, sentida ao acaso das andanças ou sinteticamente deduzida de uma perspicaz percepção contemporânea dos fatos. Vou palmilhar um caminho menos brilhante, aviso. Mas, arrumando a casa, serei quando nada didático.

Confesso que me vejo tomando esse rumo por causa de uma ironia infeliz de Câmara Cascudo. Num excelente ensaio sobre as jangadas do Nordeste, Câmara Cascudo estranhou Dorival Caymmi e Jorge Amado. Soou absurda, aos ouvidos do etnólogo potiguar, a idéia de que fosse doce morrer no mar. Bem, presume-se que seja salgado. O surpreendente é que Cascudo, homem do roçado etnográfico, tenha se postado em água tão rasa. A declaração beira o banal, em sua recorrência literária. Vamos encontrá-la no século passado, ainda que em dimensão metafórica, num poema como *L'Infinito*, do romântico italiano Giacomo Leopardi: "e il naufragar m'è dolce in questo mare". Ou, mais recentemente, no grande romance da transição planetária, o *Ulysses*, de James Joyce: "seadeath, the mildest of all deaths known to man" ("marimorte, a mais doce de todas as mortes conhecidas do homem", na tradução de Antônio Houaiss). E isto para não mencinar o cinismo de Lucrécio, para quem o naufrágio poderia ser doce, no "suave mari magno", desde que contemplado da terra firme. Lucrécio à parte, acontece que Leopardi, Joyce e Jorge, embora usando quase que as mesmas palavras, estão radicados em contexturas culturais radicalmente dessemelhantes. Deveria interessar ao etnólogo, em princípio, esta diversidade das atualizações concretas de um mesmo tópico poético. Leopardi é o naufrágio nirvânico na imensidão do pensamento. Joyce expõe, diante da baía de Dublin, um herói cheio de remorsos jesuíticos. Jorge Amado, por sua vez, reverencia o mito popular que circula de boca em boca no acotovelamento da vida ao ar livre nos embarcadouros do Recôncavo da Bahia. Foi ele o recriador literário dessa crença praieira de sabor edipiano, segundo a qual o pescador bravo e belo conhece, ao se afogar, as graças sexuais de sua mãe mítica.

Estamos na Bahia. Não se trata de querer pulverizar intelectualmente o Brasil. Longe disso. Temos uma unidade lingüística espantosa para a vastidão do país. Em que pesem os matizes dialetais existentes no interior desse conjunto de linguagem, um gaúcho entende perfeitamente seu interlocutor do Amapá. Ao mesmo tempo, a variedade das vidas regionais, em tal extensão geográfica, mostra que não somos a "mônada" destilada pelos filósofos. Nada desautoriza a análise que, ciente da nossa unidade básica de cultura, privilegie diferenças que são reais. Somos um povo de muitas cores, culturalmente complexo e com sensíveis diferenças regionais de procedimento tecnológico. Além disso, os grandes movimentos nacionais têm, para além do seu significado geral na vida de um povo, repercussões regionais de sentido diverso.

De uma perspectiva baiana, a mudança da capital colonial para o Rio de Janeiro, bem como a instalação ali da sede da monarquia lusitana – e, a partir de 1822, da do "império" –, atestam a significância progressivamente secundária da velha Cidade da Bahia. A província assistirá marginalmente à meridionalização da economia e da política brasileiras. Mas o que interessa aqui é a profunda conseqüência cultural do processo que, aí se iniciando, prosseguirá imperturbado ao longo do século, apesar deste ou daquele espasmo progressista. A Bahia vai mergulhar, por bem mais de cem anos, num período de relativo isolamento e solidão, antes que aconteça sua inserção periférica na expansão nordestina do capitalismo brasileiro. E foi justamente na maturação desses mais de cem anos insulares, de quase assombroso ensimesmamento, que se desenvolveu a trama psicossocial de uma nova cultura, organicamente nascida, sobretudo, das experiências da gente lusa, da gente banto e da gente iorubana, esta em boa parte vendida à Bahia pelos reis do Daomé. O que hoje chamamos "cultura baiana" é, portanto, um complexo cultural historicamente datável. Complexo que é a configuração plena de um processo que vem se desdobrando desde o século XIX, quando a Bahia, do ponto de vista dos sucessos e das vicissitudes da economia nacional, ingressou num período de declínio. Pois foi em meio ao mormaço econômico e ao crescente desprestígio político que práticas culturais se articularam no sentido da individuação da Bahia no conjunto brasileiro de civilização. E este movimento histórico-cultural encontrou sua realização inteira entre meados do século XIX e as primeiras décadas do século XX, anteriormente à entrada da região na dança caótica do capitalismo industrial. Nos termos da anedota baiana, trata-se de um tempo irrecuperável: o tempo em que a Bahia tinha 365 igrejas e não 365 hotéis

E não será demais recordar o óbvio. O Estado da Bahia é uma unidade criada pelo federalismo republicano, não uma entidade antropologicamente integrada. No Brasil, talvez o único caso de um Estado projetado originariamente como "província antropogeográfica" tenha sido o de Rondônia, por iniciativa do etnólogo Roquette Pinto. Faço o lembrete porque quando um baiano diz "Bahia" está muitas vezes pensando apenas na Cidade da Bahia. É um costume de séculos. "Esta é a cidade da Bahia. Assim a trata o povo de suas ruas desde a sua fundação", enfatiza Jorge Amado. Assim, quando falo em cultura baiana, não tenho em mente fronteiras políticas, mas a cultura daquele "recôncavo afamado da capital brasílica potente", de que falava Santa Rita Durão no seu poema "épico" sobre o descobrimento português do Brasil É Salvador e sua interlândia: uma região geográfica principalmente costeira que, em cerca de dez mil quilômetros quadrados de alcance, exibe um alto grau de homogeneidade cultural e ecológica. Mais exatamente, trata-se da cultura predominantemente litorânea do recôncavo agrário e mercantil da Bahia, que tem como principal núcleo urbano a tradicional Cidade do Salvador da Bahia de Todos os Santos.

Não é preciso ir muito longe para esclarecer essas afirmações. A Bahia perdeu a primazia quando, ao primeiro crepúsculo do Brasil açucareiro, seguiram-se os esplendores do ouro nas Minas Gerais. Thales de Azevedo escreveu que o luxo baiano, já nos confins do século XVII, não passava de reflexo dos grandes dias do açúcar. Mantinha-se então pelos lucros obtidos no contrabando do ouro mineiro, recebido em troca de gado, mantimentos, escravos. Mas – considerada "o fulcro do triângulo Portugal-Brasil-Angola" – Salvador não desgalgou de imediato a escada. Mesmo ao longo do século XVIII, em favor de suas funções de entreposto comercial e base política lusitana, era ainda a mais importante, rica e populosa cidade do império português, depois de Lisboa. Mas esta cidade mundana e vaidosa recebeu um golpe rude com a mudança da capital colonial para o Rio de Janeiro e o posterior assentamento aí da nobreza lusitana em fuga ao cerco napoleônico. A velha Bahia perdera muito da sua importância. Bem vistas as coisas, o destino mediato da província estava selado. Boa prova disso é a decadência em que vai entrando a arquitetura militar baiana. Salvador já não era jóia cobiçada. E quando as jazidas auríferas das Minas Gerais se reduziram a brilhos esporádicos, com o mineiro se convertendo em agricultor ou pecuarista, não houve propriamente um retorno histórico. O fugaz renascimento agrícola nordestino – favorecido pela desarticulação do império espanhol, pela guerra norte-americana e pelo colapso da grande colônia açucareira do Haiti – foi bem definido por Celso Furtado. Passávamos da "letargia secular" do setecentos à "falsa euforia" dos últimos dias coloniais. E o que aconteceria a partir daí, depois de alguma indefinição recessiva, seria a lavoura do café no Brasil meridional.

A riqueza baiana foi devastada nas primeiras décadas do século XIX. Em cerca de quinze anos, a Bahia atravessou as turbulências de uma guerra anticolonial, motins militares, *food riots*, agitações antiportuguesas (os "mata-marotos"), revoltas federalistas, rebeliões escravas e castigos ecológicos. Foi o fim do *upswing*, como gostou de dizer o historiador João José Reis. A emancipação política do Brasil significou, para os baianos, mais de um ano de guerra acesa, com pesadas perdas em capitais, bens e vidas. A obra construtiva, principiada com o século, sofreu rachaduras tremendas. "Desconjuntou-se" nossa vida econômico-financeira, na sugestiva expressão de Goes Calmon, que aí localizou o início da "série infindável das desgraças que nos perseguiram durante todo o século". Além disso, as elites brasileiras deixaram intocada a armação da velha sociedade colonial. Mantiveram um Bragança na Coroa, os negros no cativeiro, os índios sob a mira genocida. Era esperável a explosão dos insatisfeitos. E não deu outra: da bandeira azul e branca do federalismo baiano, flutuando à brisa do Forte do Mar, aos tumultos da Sabinada, passamos pelos violentos eventos promovidos por hauçás e nagôs. Ouviu-se na região a voz armada dos deserdados da Revolução Nacional. E o certo é que o fato de a sociedade ter permanecido estruturalmente inalterada, depois dos grandes sacrifícios da guerra de independência, fez com que aqueles tempos fossem, para os baianos, uma época de graves estragos econômicos e de não menos graves prejuízos psicológicos.

Poderíamos percorrer aqui, de azar em azar, aquela "série infindável das desgraças" de que falava Goes Calmon. É quase inacreditável. Quem imaginaria hoje um surto de cólera que arrasasse o Recôncavo, fazendo cerca de trinta mil mortos? E quem esperava que a ainda hoje pouco estudada

Guerra do Paraguai se responsabilizasse pelo recrutamento, quase sempre violento, de parte considerável da população masculina baiana em idade economicamente produtiva? São apenas dois exemplos. Não vou multiplicá-los: meu gosto pela carnificina não vai assim tão longe. O melhor é aproveitar a oportunidade para, como ensina a nova sociologia baiana, caracterizar a fisionomia produtiva da província. Nem todos os setores da economia baiana sofreram por igual na maré adversa. O ramo agrícola entrou em crise, decorrente do seu atraso tecnológico e dependência do capital comercial. Mas houve quem lucrasse com a paralisia. A classe dos comerciantes, por exemplo, entre cujas práticas se incluía o tráfico de escravos. Não deixa de ser curioso o caso: o comércio baiano se fortaleceu no processo mesmo de decadência da economia regional no quadro geral do país, levando a Cidade da Bahia – e isto é que é importante – a se especializar em funções comerciais e "serviços". Foi a vitória do jogo do comércio sobre o labor produtivo.

As coisas mudaram quase nada à entrada do século XX. Os dados em contrário são risíveis, já que acenam com um esforço fabril abortado, ou se contentam em arrolar, entre nossas "atividades industriais", coisas como o fabrico de rapé. Houve a euforia política do "seabrismo" (de Seabra, governador baiano), mas mais no plano ideológico do que no terreno objetivo das realizações. É no contexto "seabrista", de resto, que devem ser lidas as crônicas que Pedro Kilkerry andou publicando em 1913, sob os títulos pré-modernistas de *Quotidianas* e *Quotidianas-Kodaks*. Salvador surge aí em roupagem de metrópole moderna, "inferno da atividade humana, que se eletriza, cinemiza, automobiliza". Em seu exagero evidente, a anotação kilkerriana, no caso estribada em bondes e cines, está mais próxima de uma poética fantasia citadina – trazendo, ao esgalho "seabrista", algum futurismo europeu (o primeiro manifesto de Marinetti, falando já em "corações elétricos", é de 1909) – do que da exatidão sociológica. Coisa semelhante pode ser dita de um poema como o *Noturno Baiano*, de Eurico Alves – poeta do grupo da revista *Arco & Flexa*, encarnação tardia do "modernismo" na Bahia –, onde o "silvo acaiporado das usinas" canta "epicínios a Luís Tarquínio", o pioneiro socialista da indústria têxtil entre nós. Basta comparar a Salvador que aparece em tais escritos com a Salvador que vai aparecer num texto posterior: o *Jubiabá*, de Jorge Amado. "Pelas alturas de 1870, a economia baiana era essencialmente agromercantil e assim permaneceria até 1930", escreve Mário Augusto Silva Santos. Permaneceria além de 1930, na verdade. E o espantoso é que esse "modelo econômico" foi implantado na superação do extrativismo do pau-brasil, atravessou a história colonial e imperial, e se estendeu além da Primeira República. Veio de Mem de Sá a Getúlio Vargas. Houve, evidentemente, uma alteração revolucionária nas relações trabalhistas, com a Abolição de 1888. Mas o que quero sublinhar é que a arcaica trama produtiva do Recôncavo se manteve – "a Abolição não promoveu grandes transformações sócio-econômicas em Salvador, permanecendo a mesma fiel à sua antiga função de porto e cidade comercial", observa Jeferson Bacelar. Em conseqüência, o sistema ocupacional cruzou praticamente intacto a reviravolta trabalhista. A forma capitalista de relacionamento só vai vingar, de fato, na lavoura baiana, com a cultura do cacau no sul do Estado. Alguém já disse (Hélio Jaguaribe, se não me falha a memória) que a Revolução de 30 só alcançou o Nordeste na década de 60, *boutade* que vale por muitas teses. Embora apenas com Kubitschek tenhamos superado uma disritmia de décadas, a verdade é que o projeto de arquivamento dos emplastros artesanais é coisa já da era "varguista". O país vinha se mobilizando, desde a década de 30, em função da ruptura com o seu antigo estatuto de "vasta e esparsa comunidade agrícola", no dizer do próprio Getúlio Vargas. Foi uma época de ensaios decisivos para a atualização histórica do Brasil. Mas devemos relativizar esse processo modernizante. O Brasil que se atualiza, a caminho do meado do século, é o Brasil meridional. A política econômica de Vargas não beneficiou a classe dirigente baiana, como bem mostrou Clemente Mariani. "Madrasta" foi a expressão escolhida pelo banqueiro Mariani para qualificar, de um ponto de vista baiano, aquela triunfante movimentação centro-sulista. Em sua opinião, a Revolução de 30 trouxe duas conseqüências graves para os interesses econômicos da Bahia: de uma parte, "o soçobro do prestígio político do Estado", cuja liderança não afinava com o espírito do movimento vitorioso; de outra parte, "a instalação, como fonte legislativa, da vontade discricionária" de Vargas, que excluía a Bahia da elaboração dos princípios desta mesma "vontade legislativa discricionária", prejudicando nosso comércio exportador. Em todo caso, o que aqui ocorreu, mesmo após o advento da Primeira República, cabe na fórmula "agromercantil", com a qual os economistas costumam designar determinado estágio da peripécia dos povos. De fato, como lembra Antônio Sérgio Guimarães, a política econômica do Estado brasileiro, a partir da Revolução de 30, passou a dar prioridade a atividades que estavam fora do universo econômico da burguesia baiana. Esta nova conjuntura debilitou, especialmente na década de 40, as burguesias mercantil, financeira e agrária da Bahia. Estendendo sua análise, Antônio Sérgio observa que, ainda na década de 50, não possuindo um parque de indústrias e impossibilitada de comprar diretamente no exterior os bens de que necessitava, a Bahia se encerrava exclusivamente no circuito do comércio interestadual, que providenciava a transferência da renda da região para o Centro-Sul. Se juntarmos a isso, prossegue Antônio Sérgio, "o desequilíbrio provocado pela diferença entre a arrecadação federal e os seus gastos e investimentos no Estado", teremos decifrado as razões da decadência econômica da Bahia. Nosso papel vinha sendo o de, há decênios, financiar o desenvolvimento do sul do país.

Esta calmaria baiana, espraiando-se preguiçosamente até à década de 50, é registrada unanimemente nos estudos disponíveis de nossa história econômica e social. Se a Cidade da Bahia fora, na passagem do século XVIII para o século XIX, reduzida de centro do Brasil Colônia a uma função meramente regional, o que aconteceu, na passagem do século XIX para o século XX, foi a desfiguração até mesmo dessa função regional, com Recife assumindo o comando das operações nordestinas e a expansão dos cacauais no eixo Ilhéus-Itabuna. As décadas de 20 a 40 do século que está findando balizam a depressão mais funda. Quando, no romance *Mar Morto* (Jorge Amado, 1936), perguntam à mulata Rosa Palmeirão sobre o Rio de Janeiro, ela comenta: "Uma fartura de luz e de gente que até dói". A resposta ilustra perfeitamente, por comparação, a situação sombria em que se encontrava a Cidade da Bahia, então a menos desenvolvida, em termos tecnológicos, das grandes cidades brasileiras. A Bahia simplesmente perdera a oportunidade histórica da primeira fase significativa da modernização nacional. Quanto mais o Brasil conhecia inovações, mais ficava exposto o enraizamento das estruturas da sociedade baiana no passado colonial. E o curioso é que, quanto mais visível ia se tornando o seu tradicionalismo, mais e mais esclarecia, em tudo o que fosse Bahia, uma aura mítica. O Brasil passa a chamá-la "a boa terra", epíteto da Bahia provinciana dos tempos recentes. Mas o que importa, como já disse, é a conseqüência cultural do processo. Se, para a economia, o que avança com o avançar do século XIX é um processo crepuscular, para a cultura o processo é matinal. Período em que vai ganhando corpo uma nova cultura, de extração principalmente luso-banto-iorubana, mas também com traços tupis.

Salvador é uma cidade essencialmente luso-banto-sudanesa. Poderia ter sido diferente. Mas os portugueses souberam assegurar seu domínio sobre esta fatia do litoral brasílico. Verdade que Portugal se curvou à hegemonia inglesa no terreno econômico, mas conseguiu reter o Brasil em seu horizonte de influência. Isto foi fundamental para a fixação da nossa personalidade cultural. Penso que tratados coloniais, estabelecidos em meio a duras disputas imperialistas, como os de Haia e Methuen, por exemplo, podem ser relidos desde esta perspectiva. Também da parte dos pretos as coisas poderiam ter sido diferentes, fenômeno bloqueado, em especial, graças ao fracasso dos chamados "malês", os negros islamizados. Hoje é difícil imaginar a celebração do *Lailat al-Miraj* – a subida do profeta Maomé ao céu – na Bahia. Mas a verdade é que a Bahia experimentou um bem-sucedido processo islamizante nos primeiros anos do século transato. Coisa de negros africanos convertidos ao Islã, responsáveis por uma das mais sérias rebeliões na história do escravismo nas Américas – não uma empreitada no estilo do quilombismo rural, mas um levante urbano. Eram negros hauçás e nagôs islamizados, montando aqui uma estrutura organizacional eficaz e deflagrando uma bem acolhida campanha proselitista. Até que, numa noite do Ramadã de 1835, mês sagrado dos muçulmanos, os filhos de Alá se insurgiram. Foram combates ferozes pelo meio da noite, culminando num ataque frontal e desesperado ao quartel da cavalaria. Entre mortos e feridos, o Islã Negro fracassou. Morreu aí o sonho da implantação de um Califado da Bahia. Se os "malês" tivessem tentado se impor por outra via, que não a da guerra santa muçulmana, quem sabe hoje estaríamos familiarizados com a recriação baiana de uma visão de mundo que expressava originalmente, como disse o socialista druso Kamal Jumblat, "a ortodoxia do beduíno".

Seja como for, a Cidade da Bahia permaneceu portuguesa, banto, jeje-nagô. E não podemos deixar de sublinhar aqui a estabilidade que caracterizou a história etnodemográfica da região. A Bahia não foi atingida seriamente por aquilo que, da perspectiva da história geral do Brasil, chamamos "migrações secundárias" (japoneses, italianos, alemães etc.). Nenhuma Nova Friburgo vingou por aqui – e o aparecimento de um Juó Bananere, entre os baianos, seria inconcebível. Exatamente o contrário do que se deu em São Paulo – que chegou a ser, num passado bem recente, cidade majoritariamente estrangeira –, ou em certas áreas do sul do país, onde surgiram verdadeiros enclaves etnoculturais europeus, permitindo inclusive que estudiosos falem atualmente de coisas como "folclore teuto-brasileiro", por exemplo. Isto é impensável na Bahia. E a própria peculiaridade lingüística de nossa gente é corolário desta história etnodemográfica. Ainda aqui, o que temos é um compósito onde a presença dominante é a da língua portuguesa, mas muito transformada por línguas ocidentais africanas e perturbada além por formas ameríndias. Yeda Castro lembra que ainda hoje as "nações" do candomblé baiano se distinguem por seus traços lingüísticos de origem: banto, ioruba, fon. Estas línguas participam, com intensidade variável, do arranjo lingüístico baiano. Deve-se notar que essa interação entre línguas africanas e a língua portuguesa foi facilitada por semelhanças entre os sistemas lingüísticos. Yeda Castro destacou duas correspondências de modelo estrutural entre as línguas em questão. Em primeiro lugar, seus sistemas vocálicos são praticamente coincidentes; em segundo, "com exceção da nasal silábica (N) para as línguas africanas, a vogal (V) é sempre centro de sílaba". Acrescentemos que o banto se encontra difuso e diluído, na Cidade da Bahia, devido à sua presença mais antiga na região. Mas é detectável no plano lexical – audível em terreiros de candomblé do rito congo-angola, nas composições carnavalescas dos blocos "afro", num dia comum numa rua qualquer da cidade. A maior preservação das formas verbais iorubanas, por sua vez, decorre da participação mais recente dos iorubás na vida baiana e das circunstâncias que propiciaram sua coesão social entre nós. E foi facilitada ainda pela proximidade dos espectros fonéticos do português e do ioruba. Basta comparar as pronúncias dos nomes dos deuses iorubanos na Bahia e em Cuba, como fez William Megenney. Os cubanos dizem *Yemayá* e *Changó* porque não existem, no espanhol do Caribe, os fonemas /j/ e /š/. Finalmente, note-se que as línguas oeste-africanas se mantêm sobretudo no campo da linguagem litúrgica do culto candomblezeiro, ao passo que as línguas bantos se destacam por sua presença no terreno mais geral dos falares populares da Cidade da Bahia e seu Recôncavo.

Nossa estabilidade etnodemográfica criou as condições indispensáveis para a definição e a fixação de uma realidade lingüística com características próprias. Daí resulta inclusive que certas construções sintáticas e deslizamentos fonéticos encontráveis na fala baiana não devam, mesmo que contrariem o padrão lusitano, ser creditados automaticamente na conta dos influxos africanistas. William Megenney, autor de uma tese sobre esse *Bahian Portuguese*, exemplifica lembrando que os baianos costumam palatalizar o /t/ e o /d/ antes do /i/, mas que essa palatalização não ocorre em outros cantos do país, onde houve igualmente grande concentração de pretos, como em Sergipe e Pernambuco (os brasileiros do sul, especialmente os que trabalham em televisão e agências publicitárias, costumam confundir os "sotaques" nordestinos, claramente distintos entre si). Logo, conclui Megenney, certas características fonéticas baianas, bem como outras particularidades de ordem sintática ou morfológica, serão mais bem vistas em sua lógica própria, antes que unilateralmente como ramificações diretamente africanas na Bahia. Não se trata de variações dialetais brotando ao acaso, feito flores espontâneas da fala, mas da língua se matizando numa vereda histórica particular.

Seria ocioso recontar aqui a aventura cultural ultramarina dos portugueses. A bibliografia sobre o assunto é extensa, excelente e bem conhecida. O caso africano, ao contrário, ainda merece destaque. Não porque não existam numerosos e ótimos estudos sobre a matéria, mas porque sua divulgação só agora começa a ultrapassar os limites do ambiente acadêmico, no rastro da projeção social e política dos negromestiços na vida brasileira.

Em relação à Bahia, ao menos, uma distinção é necessária. Até o século XVII, o tráfico de escravos foi feito sobretudo com a África subequatorial. É o fluxo dos negros bantos (da forma *bantu*, os homens, plural de *mu-ntu*), vindos de Angola (de *ngola*, título do soberano do antigo reino Ndongo) e do Congo – o significado da expressão *kongo* é ainda hoje objeto de discussão; Balandier observa que várias hipóteses tentam iluminar o enigma verbal: há quem o remeta ao termo *ko-ngo* (parente da pantera), o assimile à expressão *nkongo* (que designa o grande caçador) e ainda quem cite *kongo* ou *kong* (arma de arremesso) – "mais son étymologie exacte comme l'histoire originelle de Kongo s'est lentement effacée", escreve.

Em todo caso, antes de falar da presença dos povos do grupo lingüístico banto na Cidade da Bahia, temos que pensar um pouco. Apesar de sua antiga e profunda presença entre nós (na verdade, o contato entre lusos e bantos data de séculos – escravos já saíam em bom número, na última década do século XV, do porto de Mpinda), os bantos foram de certa forma escanteados pela etnografia brasileira. Nossos antropólogos se concentraram quase que exclusivamente no mapeamento da cultura iorubana, por razões que talvez não sejam difíceis de explicar. No entanto, podemos detectar a presença cultural banto nas mais remotas manifestações textuais brasileiras. Podemos rastreá-la, por exemplo, na poesia mestiça e tropical do barroco baiano Gregório de Mattos. Gregório, o doutor de Coimbra que bebeu o mel dos engenhos nos lábios grossos das negras, fala, ainda que preconceituosamente, dos "tios" e das "tias" do Congo, dos negros da Guiné e das negras de Angola, além de usar palavras bantos. Arthur Neiva cita os seguintes versos do Boca do Inferno: "Que mengui colo moambundo/ mazanha, malunga e má". Poderíamos citar outros. Mas o desconcertante é topar, três séculos depois de Gregório de Mattos, com um texto onde o etnólogo Édison Carneiro deplora a carência de estudos sobre o tema: "Se não encontra aqui, nas livrarias ou nas bibliotecas, nada de interessante sobre o negro do sul da África, seja qual for o motivo a estudar". Fazendo um trocadilho, é como se, no campo da pesquisa científica, o banto tivesse passado em branco. Carneiro observa que uma ou outra lição poderia ser recolhida em páginas de Nina Rodrigues e Arthur Ramos. Mas são lições laterais. O próprio Carneiro se encarrega de negar o que declara, quando afirma que deve suas informações a pais-de-santo, capoeiristas e sambistas. E ainda se queixa de que, para Nina Rodrigues, preto na Bahia era preto sudanês. De fato, Nina foi o responsável pela tese do exclusivismo sudanês na Bahia. Preocupado em combater o exclusivismo banto, que então marcava a etnografia do negro no Brasil, Nina criou um outro exclusivismo. O problema é que fez escola, consagrando a divisão do Brasil em duas esferas distintas, bem demarcadas, de influência africana. A Bahia seria uma espécie de enclave sudanês num Brasil predominantemente congo-angolano. Em seu rastro, os etnógrafos foram deixando cada vez mais enevoada a ação cultural banto na Bahia. E olha que Nina, registrando o carnaval baiano de 1899, apontou o sucesso da entidade Pândegos da África, que fez desfilar pelas ruas de Salvador um carro em que se representava o rei Labossi, cercado de seus ministros, na margem do rio Zambeze. Digo isto porque o Zambeze corta terras bantos; porque, ainda recentemente, ouvimos Kazadi wa Mukuma falando da influência banto na música popular brasileira; porque os mulatos da Bahia cantam hoje em dia o seguinte refrão: "ê, eu vim de Luanda, ê".

As coisas só começaram a mudar recentemente, com os textos de Luís Vianna Filho e Yeda Castro. Que eu saiba, Vianna Filho foi o primeiro a reunir evidências sobre a importância numérica e cultural dos bantos na Cidade da Bahia e seu Recôncavo, levando Gilberto Freyre a dizer que qualquer um de nós hesitaria em falar, a partir de então, em "predominância sudanesa". Hoje, em verdade, o que se denuncia é o caráter "nagô-centrista" impresso em nossos estudos etnográficos. "Sempre houve um certo etnocentrismo, uma certa preferência ideológica, pelas casas-nagô e pelas casas-de-jeje", escreveu Vivaldo da Costa Lima a propósito do assunto. A observação é procedente, quando sabemos que os negros vindos do Congo e do Ndongo, velhos reinos que encantaram as fantasias antropológica e poética de Frobenius e André Breton, tiveram papel fundante e fundamental na constituição da Cidade da Bahia.

Se é verdade que o chamado "nagô-centrismo" nos levou a conhecer melhor a realidade "iorubaiana", verdade é que também produziu frutos desastrados – e não só entre os desavisados de praxe – gerando uma visão iorubanizante do preto-mestiço brasileiro. Exemplar, nesse sentido, é este equívoco chamado *Quilombo*, filme de Carlos Diegues que contou com a assessoria antropológica de Lélia Gonzalez. Um modelo de ignorância e leviandade. Na melhor das hipóteses, podemos dizer que Diegues e Gonzalez caíram no conto do "nagô-centrismo". Não se deram conta do fato elementar de que não existe uma cultura negra: existem culturas negras. Impossível confundir ndembo com achanti. Esse nivelamento, tão típico da mentalidade colonialista, já vem de muito antes, entranhado na visão européia da África. Ibrahim K. Sundiata, numa conferência sobre as civilizações africanas, protestou contra o fato de que muitas pessoas costumam falar da África em geral, esquecendo-se de que a África é um continente habitado por muitos povos diferentes, que falam línguas diferentes e cultivam diferentes maneiras de viver. Não podemos reduzir as práticas e sistemas culturais de extração negro-africana, no Brasil, ao complexo jeje-nagô. Foi por isso que Diegues não conseguiu fazer um filme sobre Palmares. Palmares foi uma experiência sociocultural banto. No dizer de Roy Glasgow, "Palmares foi a expressão mais pura da resistência angolana no

Brasil". Para Glasgow, os palmarinos representam a continuidade, do lado de cá do Atlântico, da violência mbundo-iaga que então infernizava a vida dos portugueses no Ndongo. Glasgow estabelece ainda, entre os quilombolas da África e do Brasil, analogias em termos de localização e assentamento do acampamento de guerra e em termos de estratégia de combate. Diegues, por incrível que pareça, criou um quilombo nagô – será que não sabia que Palmares é do século XVII e que os iorubanos só começaram a chegar aqui lá pela segunda metade do século XVIII? Não sei. O certo é que, fantasias cinematográficas à parte, as histórias do Brasil e de Angola, no século XVII, são inseparáveis – e é isto o que explica o fato de Nzinga, a rainha de Matamba, símbolo angolano de resistência ao colonialismo português, ter adquirido estatura mitológica no imaginário popular brasileiro, sobrevivendo ainda hoje em nossos congados.

Deixemos que as palavras falem por si mesmas – e, ouvindo-as com sensibilidade etnolingüística, segundo as orientações da Yeda Castro, poderemos sublinhar a forte presença banto em nossa formação cultural. São de origem banto palavras como caçula, fubá, andu, dendê, bunda, quiabo, dengo, maconha, fuxico e samba. Também de origem banto são expressões referentes ao mundo religioso, como candomblé, macumba e umbanda. Igualmente ao banto remete boa parte do vocabulário ligado à vida no escravismo colonial brasileiro, a exemplo de quilombo, senzala e mucama. Aliás, com base em dados históricos e lingüísticos, a estudiosa conclui que eram de fundo banto os dialetos predominantes nas senzalas e nos quilombos, incluindo, é claro, Palmares. De acordo com Yeda Castro, "essa penetração banto se deve a um processo mais prolongado de contatos interétnicos e interculturais e à supremacia numérica dos povos de língua banto entre os africanos transplantados para o Brasil Colônia". Ainda segundo Yeda, os ambundo (de língua quimbundo, da região de Luanda) e os bacongo (de língua quicongo, da foz do rio Congo, do baixo Zaire e do sul da República do Congo) foram, entre os povos bantos da Bahia, "os grupos étnicos mais impressivos", diferentemente do que ocorreu em outras regiões brasileiras – como Minas Gerais, São Paulo e Rio de Janeiro –, onde também é marcante a presença dos ovimbundo, povo de língua umbundo, proveniente de Benguela, no sul de Angola. Por fim, ampliando sua visão também para agrupamentos não-bantos, Yeda afirma que os grupos africanos mais importantes na Bahia foram ambundo, bacongo, ioruba e ewê (principalmente fon).

De fato, os bantos viram estremecer sua hegemonia baiana quando, entre os séculos XVIII e XIX, o tráfico se voltou em direção à África superequatorial, para a região da Costa da Mina, deslizando para a baía do Benim. Aqui começa, entre nós, um período de influência marcadamente sudanesa, com os povos ewê-ioruba. A partir das últimas décadas do século XVIII, foram chegando à Cidade da Bahia inúmeros iorubanos, vindos de Ketu e de outras partes daquela região do continente africano, como Ijexá. "A história de Ketu é preciosa como referência direta no que concerne à herança afro-baiana", escreve Juana Elbein. Emerge aqui um outro referencial regional particularizante. Francis de Castelnau, cônsul francês na Bahia durante a primeira metade do século XIX, já notava que os iorubanos formavam "nove décimos dos escravos da Bahia". Informava ainda que os "angolas", "congos" e "moçambiques" – que compunham conjuntamente a "grande massa dos escravos do Rio de Janeiro" – eram muito pouco numerosos em Salvador, o que é uma observação algo exagerada. Mas a verdade é que havia uma ostensiva presença nagô na Cidade da Bahia, em contraste com a predominância cultural quase exclusivamente banto em outros rincões do país (Recife era, nesse aspecto, a cidade brasileira que mais se aproximava de Salvador). Pierre Verger esclareceu a base econômica responsável pelo estabelecimento da parceria comercial entre a Bahia e o Benim. A Bahia praticamente detinha o monopólio da produção brasileira de tabaco, produto mais cotado nas trocas do comércio escravista naquela região africana. Autoridades colonialistas na África chegaram a afirmar que o fumo baiano tinha preferência, entre os negros, sobre o ouro. Assim, enquanto a Bahia enviava seus navios ao Benim, traficantes de outras áreas brasileiras permaneciam nas rotas de Angola e do Congo. Daí que o Rio de Janeiro tenha sido fundamente marcado pela presença angolana. Do mesmo modo – e inclusive pela distância geográfica – os traficantes baianos não se interessaram tanto pelos "moçambiques", gente de língua macua ou maconde, que parecem ter-se concentrado mais em São Paulo e Minas Gerais. Note-se ainda que o ciclo do tráfico Bahia/Benim prosseguiu intenso até 1851, apesar das proibições e da vigilância repressiva da armada real inglesa.

Pois bem. Os estudiosos costumam enfatizar três aspectos, sempre que lidam com a presença iorubana na Bahia. Os iorubanos chegaram em grupos constantes e sucessivos, numa cidade excepcionalmente urbana, que manteve, durante tempo considerável, intercâmbio com a costa ocidental africana. Estes três aspectos, entrelaçando-se, foram indispensáveis à reprodução física e cultural desses negros na diáspora atlântica – e explicam, em parte, por que a cultura jeje-nagô se converteu em código central das manifestações de cultura do Brasil que apresentam traços africanóides nítidos. Ou, como já disse em outro ensaio, numa espécie de "metalinguagem", digamos, ou de ideologia geral, lugar geométrico no qual as demais formas e práticas culturais negro-africanas se imantam e se tornam legíveis, traduzindo-se umas nas outras, transfiguradas.

Os iorubanos não apenas vieram para uma cidade excepcionalmente urbana, como era Salvador para o padrão urbanístico brasileiro da época. Eles já conheciam a vida citadina. Eram pessoas treinadas, nesse sentido. Afolabi Ojo observa que o alto grau de urbanização da chamada Iorubalândia não tinha paralelo em toda a África tropical. No meado do século transato, Lagos, Ibadã, Oió e Ilorin eram centros urbanos razoáveis. Frobenius chegou a dizer que Ifé fora fundada em tempos pré-cristãos. Na Bahia, em ambiente urbano, os negros iorubanos se sentiram à vontade. Não se encontravam demasiadamente colados à casa-grande. Possuíam os seus cantos na cidade, podendo desenvolver com maior facilidade as suas práticas extra-européias. Havia maior autonomia física e psíquica, em suma. Além disso, os pretos iorubanos permaneceram contactados. Não foram submetidos a um dos piores rigores do pragmatismo escravista, ditado por motivo de segurança senhoril, que foi a política de desmembramento ou pulverização das etnias. E se aproveitaram disso. Gilberto Freyre notou que foi no escravo preto que "mais ostensivamente desabrochou no Brasil o sentido de solidariedade mais largo que o de família". Existiam condições objetivas para ordenar ou reordenar os que aqui estavam e os que chegavam em nova onda de migração compulsória. Finalmente, o relacionamento do estrato dirigente baiano com a África foi aproveitado pelos pretos nagôs em pelo menos três direções. Eles se mantinham informados sobre o que acontecia na costa africana, viajavam eventualmente à "terra-mãe" e ainda importavam produtos não encontrados do lado de cá do Atlântico, incluindo aí coisas do culto religioso. Por tudo isso, os iorubanos não conheceram, em seu caso específico, aquela profunda e radical "dessocialização" que Katia Mattoso dá como traumática experiência existencial do escravo desembarcado no Novo Mundo. Ao contrário, o que impressiona – e impressiona profundamente –, no caso iorubano, é a eficácia ressocializadora. A transação "iorubaiana" reforça, de resto, novas teses sobre a vida negra no escravismo colonial. George Rawick, por exemplo, investe contra a visão elitista tradicional que apresenta o negro como vítima total e desumanizada da escravidão. Ou seja: como ser sem história e sem cultura. Eugene Genovese bate a mesma estrada: os escravos foram sujeitos ativos e vitais de sua própria história. Rawick acredita que, mesmo na sociedade totalitária, há margem de manobra para os oprimidos desenvolverem toda uma série de táticas e estratégicas de sobrevivência física e cultural. E não é preciso dizer o quanto isso exige em criatividade. O quanto deve ter implicado, em mobilização da energia social, uma reinvenção de

práticas e instituições como a que os iorubanos empreenderam no Brasil. O certo é que, por esses caminhos, eles imantaram e impregnaram o país.
E vamos insistir na questão urbana. É mesmo preciso fazer uma distinção drástica entre a escravidão rural e a urbana. Há contrastes claros entre o cotidiano acanhado do engenho e o rebuliço colorido da vida citadina. São escalas diferentes em termos de experiência humana e social. Uma era a realidade de quem saía pelas ruas da cidade vendendo "cousas insignificantes e vis", como diria o velho Vilhena; outra era a de quem se via empenhado no corte dos canaviais. Uma coisa era a preta ou mulata que circulava entre ladeiras e quitandas; outra era a negra que, ao pé da moenda, recolhia o bagaço. Eram negros menos livres aqueles estabelecidos nos engenhos, pisando o chão de terra nua das senzalas rurais, isolados "do mundo" e ao mesmo tempo excessivamente próximos dos demais edifícios do complexo arquitetônico da economia açucareira. Verdade que mesmo no campo os escravos recriaram suas vidas. Aplicam-se a eles as belas palavras de Rawick: "They created for others from sunup to sundown, but from sundown to sunup... they created and recreated themselves". Na cidade, todavia, o processo foi mais rico e dinâmico. Ali, africanos e crioulos de origem banto ou sudanesa estavam em melhores condições de ação. O padrão dicotômico senhor/escravo não era tão rígido, havendo espaço para o trabalho. Havia até escravos que não moravam com o senhor, mas em domicílio separado; negros de ganho perambulavam; ex-escravos possuíam escravos. Inês Oliveira observa que a divisão da sociedade entre livres e escravos adquiria, na cidade, nuanças que ainda hoje "dificultam

o estabelecimento do exato limite entre a escravidão e a liberdade, como no caso das alforrias condicionais". Inês chega mesmo a defender que a infinidade de formas exibida pela escravidão, na cidade, pede uma revisão da categoria escravismo, para melhor compreensão da vertente urbana do sistema. É a partir daí que podemos entender o sucesso das associações étnicas urbanas, de uma instituição laica como a dos negros de ganho a confrarias religiosas, de que é exemplo clássico entre nós a de Nossa Senhora do Rosário. A soma dessas instituições permitiu, como disse Bastide, "a transmissão das civilizações africanas no continente americano". E é por isso que hoje o embaixador A. P. de Ulysséa, do Itamaraty, pode dizer que "ao condenar o *apartheid*, o Brasil defende seus próprios valores".

Razão tem Gilberto Freyre quando fala de uma "reeuropeização" do Brasil, no rastro da chegada de dom João VI. Ficamos mais afrancesados e anglicizados, das coisas das arquitetura às coisas do intelecto. É a época da chamada Missão Cultural Francesa e da Academia Imperial de Belas-Artes do Rio de Janeiro, patrocinando aqui, entre outras coisas, a difusão da arquitetura neoclássica, quando jardins europeus e ruas calçadas foram se tornando mais visíveis. Mas também é verdade que, nessa maré europeizante, a Cidade da Bahia foi menos atingida que o Rio de Janeiro. Ao impacto desafricanizador da presença da corte lusitana na Guanabara, corresponde a circulação massiva de iorubanos na Bahia. O conde da Ponte, então governador da província, podia até mesmo reclamar da presença excessiva, em Salvador, de "negros da pior espécie chamados nagôs". De um ponto de vista europeu, nada mudou muito na região, antes e depois da chegada do príncipe. Assim é que Frézier, em 1714, definiu a Cidade da Bahia como "uma nova Guiné". E um século depois Avé-Lallemant, um médico racista de Lübeck, ainda podia declarar que "se não se soubesse que ela fica no Brasil, poder-se-ia sem muita imaginação tomá-la por uma capital africana". Não foi por outro motivo que Pierre Verger, dissertando sobre a Bahia oitocentista, justificou sua escolha historiográfica dizendo que Salvador "era, no século XIX, mais 'brasileira' que o Rio de Janeiro, então capital do país, já submetida às influências do mundo exterior". Encontramos muitas opiniões parecidas. Uns acham Salvador a mais portuguesa – outros, a mais africana – das nossas cidades oitocentistas. São modos sintomáticos de dizer a mesma coisa: a Cidade da Bahia e sua diferença.

Apesar dos acréscimos demográficos, esta realidade baiana permanecerá substancialmente a mesma, em termos econômicos e culturais, com a chegada do século XX. Escrevendo na primeira metade deste século, na década de 40, Donald Pierson destacou a relativa estabilidade de nossa composição etnocultural, favoneada inclusive pela quase completa ausência de fluxos migratórios, provenientes do estrangeiro ou de outras regiões do país (na verdade, nossos raros imigrantes foram quase sempre portugueses, aqui retomando atividades tradicionalmente lusas nesta parte dos trópicos, como o comércio; e mesmo a migração de espanhóis da Galiza, especialmente de Pontevedra, não afetou nossa feição populacional). Nesta cidade ao abrigo das migrações, escreve Pierson, a ordem social era relativamente estável.

"Mudança tem havido, mas relativamente pouca." Salvador "era cidade velha, bem consciente e orgulhosa de suas antigas tradições" – "o comportamento costumeiro, que originalmente desenvolveu em resposta às necessidades da vida colonial, ainda persistia orientando a vida, quase pelos mesmos e familiares caminhos". E mais: "Salvador tinha sido, há muito tempo, uma cidade relativamente isolada; o isolamento intensificou as relações pessoais e, assim, promoveu o desenvolvimento de costumes locais, em resposta a circunstâncias e condições particulares". É bom mesmo acentuar, seguindo Pierson, que este isolamento foi relativo. Salvador nunca foi cidade enclausurada ou circunscrita, que se recolhesse escurecida atrás de altos muros. Não chegou a ocorrer aqui aquele desligamento radical em que viveu, durante a época colonial, o extremo norte brasileiro. A cidade era ventilada e colorida, apenas apartada da rota modernizante que o Brasil meridional tomava.

Sintetizando o que foi dito até aqui, podemos ver como um processo sociocultural desponta, enrama-se e se consolida. No momento mesmo em que a Cidade da Bahia vai sendo projetada para fora do centro da cena brasileira, recebe em ondas sucessivas os jeje-nagôs. Ocorre então o encontro entre eles e os representantes da herança ao mesmo tempo plástica e hostil da cultura portuguesa, aqui já profundamente modificada pelo novo ambiente e pelas influências banto e ameríndia. Este encontro luso-banto-sudanês, apesar de suas assimetrias, vai ter sua preponderância na constituição de um *corpus* de cultura. Por fim, esta emaranhada tessitura cultural, feita a cada ponto de encontros e confrontos, vai se configurando meandricamente enquanto a Bahia, incapaz de se engajar no movimento de atualização histórica do Brasil, se converte em remansoso reduto da economia urbana pré-industrial, condição em que permaneceria até à metade do século XX.

Uma região culturalmente homogênea, entregue à estagnação econômica e à lassidão social. Podemos revê-la ainda no romance de Jorge Amado, nos contos de Mestre Didi, nas canções de Dorival Caymmi, na antropologia visual de Verger, nos escritos e ditos de Vivaldo da Costa Lima, no desenho de Carybé. É a Bahia do terno branco, do porto dos saveiros, dos sobrados coloridos, das "colinas coroadas de conventos". Bahia anterior à BR-324, à Petrobrás, à Sudene, ao Centro Industrial de Aratu, às empresas de turismo, ao Pólo Petroquímico de Camaçari, à onipresença televisual. Uma cidade imponente, paralisada, mas clara e fresca como o claustro azulejado da Igreja de São Francisco de Assis. Foi assim que Stefan Zweig a sentiu. Não uma cidade moderna, rica e poderosa, como o Rio de Janeiro ou Buenos Aires. Mas antes altiva, presa ao passado, com uma cultura e um estilo de vida próprios. Zweig diz mesmo que a atitude da velha Cidade do Salvador da Bahia de Todos os Santos era a atitude de uma rainha viúva – "uma rainha viúva grandiosa como as das peças de Shakespeare". Uma rainha, acrescento, tão bem-sucedida em seus convites a idealizações paradisíacas que geralmente conseguia ocultar, dos olhos que a contemplavam, a realidade de sua miséria e dos seus conflitos sociais.

Este livro foi impresso na cidade de Cotia,
nas oficinas da Meta Brasil, para a Editora Perspectiva